全員が安心して過ごせる!

# 小1担任のための 学級経営ハンドブック

静岡教育サークル「シリウス」編
渡邉 朋彦 著

明治図書

# はじめに

この本を手に取ってくださった方は、「4月から小学1年生の担任をすることになったが、これからどんな指導をしていけばよいのかわからない」と困っている先生や、「今後1年生の担任をやりたい」と考えている先生だと思います。

**1年生の教室は「ワンダーランド」です。**

想定外のことがたくさん起こります。毎日が新鮮な驚きでいっぱいです。

ぜひ、1年生の子どもたちと一緒に楽しい毎日を送ってほしいと思います。

私は、もう20年以上前、教師になって6年目ではじめて1年生の担任をすることになりました。教師という仕事にも慣れ、授業にも学級経営にも、ある程度の自信がついてきた時期でした。

「1年生の担任ははじめてでも、2年生の担任をしたこともあるし、なんとかなるだろう」と思っていました。

しかし、小1担任の仕事は、他の学年とは違いました。

入学式までの膨大な仕事量、どこから手をつけたらよいのかわかりません。

入学式後も、勉強以外に教えることがたくさんあり、なかなか授業が進みません。

子どもたちは指示を出してもなかなか動いてくれません。

国語の教科書を見ても、絵ばかりで文字が少ししか書いてありません。「これでどうやって45分も授業をするのか…」と途方に暮れてしまいました。

とにかく自分の学級だけ遅れてしまっては困るので、学年の先生の様子を見たり、教育書を読んだり、サークルで先輩からアドバイスを受けたりしながら、毎日必死でした。しかし、何が何だかわからずバタバタしているうちに、4月、5月が終わってしまったことを覚えています。

でも、安心してください。

はじめての小1担任でも、次の2つのことを心がけ、準備しておけば大丈夫です。

**●入学式までの流れを把握し、しっかりと準備する。**

**●はじめの2か月で学校生活、学習の基礎・基本を教え、身につけさせる。**

小1担任になると、4月のはじめはとにかくやることがたくさんあります。次から次へと仕事が出てきます。だからこそ、入学式までに何をしなければならないのかを把握しておくことが大切です。やるべき仕事がわかれば、後は優先順位をつけて手際よく進めていくだけです。

入学したばかりの1年生は、小学校のことは何も知りません。本当に一から順に丁寧に教えていきます。ですから、何をいつまでに教えるかを意識して指導していく必要があります。はじめの2か月で小学校生活に慣れさせ、小学生らしくしていきます。

1年生にとっては、国語や算数だけが学習ではありません。「靴箱の使い方」「ランドセルのしまい方」「トイレの使い方」「給食の準備、片づけ」「掃除の仕方」など、学校生活のすべてが大切な学習です。2年生以上の子には当たり前のことも、1年生にとってははじめての経験であり、当たり前ではないのです。ですから、何を指導するのかを理解しておくことが必要です。

4月、5月の2か月間で学校生活の基礎・基本をしっかりと指導しておけば、6月くらいには、1年生もある程度のことは自分の力でできるようになります。ここまで来れば、あとは他の学年と同じように指導していくことができます。

本書では、私の今までの経験から、小1担任をするために知っておきたいことや、その具体的な方法をまとめました。

小1担任は、特に4月に何をするのかが重要です。そこで、「入学式まで」「最初の1週間」「最初の1か月」に、「何を」「どのようにするのか」を中心に書いています。小1担任になって不安な気持ちの先生は、本書を読んで興味をもったこと、参考になることがあったら、ぜひ実践してみてください。本書が小1担任の先生方のお役に立つことを期待しています。

最後になりましたが、このような執筆の機会を与えてくださった明治図書の矢口郁雄氏と、いつも一緒に学び、すばらしい実践で刺激を与えてくれる、静岡教育サークル「シリウス」の先生方に深く感謝申し上げます。

２０１９年1月

渡邊　朋彦

# もくじ

# 第2章 1年生の担任に決まったら



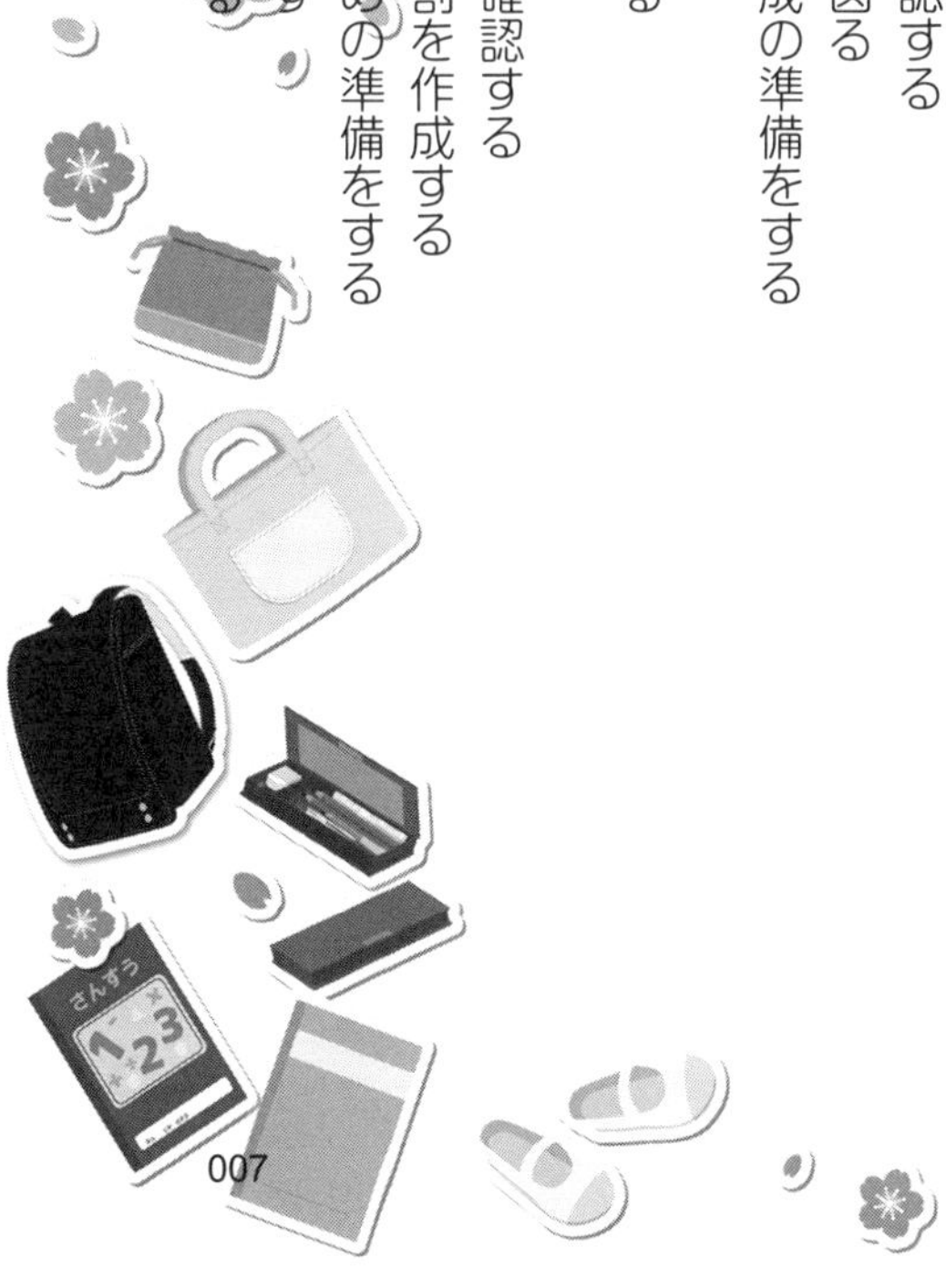

## 第3章　入学式から1週間の仕事

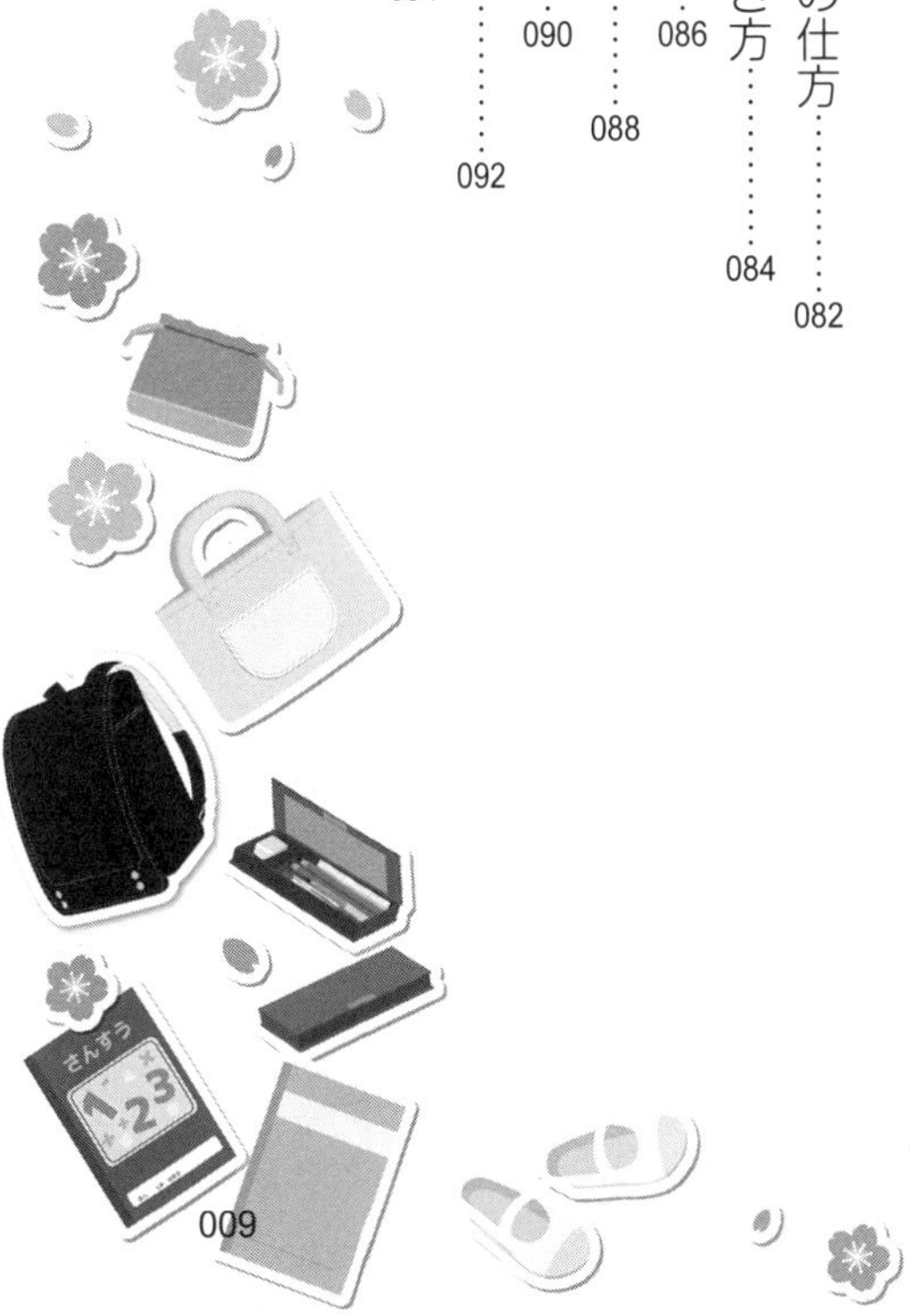

さんすう

# 第4章　入学式から1か月の仕事

## 第5章 1年生入門期の授業づくり



## 第6章 覚えておくと必ず役立つ小1担任の小ワザ集

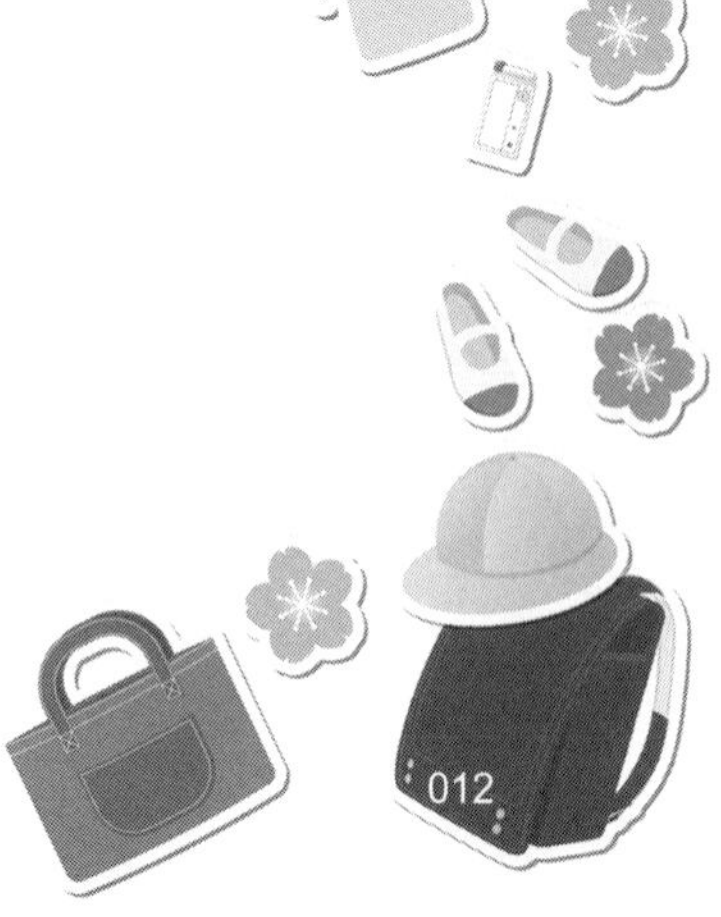

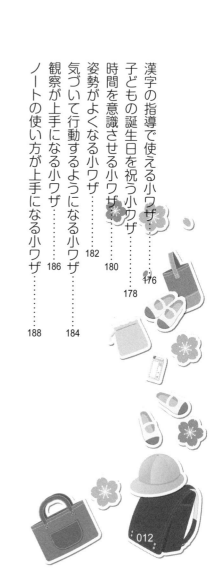

# 第1章
# 小1担任の仕事と基本的な指導の姿勢

# 小1担任の仕事

「4月から、1年生担任をお願いします」

こう言われたら、あなたは、どんな反応をするでしょうか?

1年生担任の経験がない先生だったら、「えっ、どうしよう」「これは大変だ。困ったぞ」と思うのではないでしょうか。先生方と担当学年について話していると、「1年生はちょっと…」「1年生は大変だから…」「ピアノが弾けないし…」などの声が聞かれます(特に男性の先生に多いと思います)。

確かに、1年生の担任は大変なのですが、**最初の2か月を乗り切れば、その後は他の学年とあまり変わりません**。小学校生活に慣れ、小学生らしくなるまでが大変なのです。最初の2か月にどんなことをすればいいのかがわかれば、だれにでもできます。

1年生の担任の仕事は、他の学年の担任とは少し違います。2年生以上なら、4月のはじめから普通に授業ができます。日直や給食、係活動も普通に始めることができます。しかし、1年生は、白紙の状態です。子どもたちは、小学校のことは何もわかりません。

ですから、**学校生活の基礎・基本を一から教えることからスタート**しなければなりません。この1年間の指導が上の学年に進級したときの土台になります。子どもたちが学校生活を送るうえで何を身につけておく必要があるのかを、1年生担任がしっかりと考え、指導していきます。

大きく分けると、**「学校生活の基礎・基本」と「学習の基礎・基本」**です。小学校生活がはじめての子どもたちですから、本当に一つひとつ丁寧に教えていく必要があります。

「学校生活の基礎・基本」では、

- あいさつの仕方
- 靴箱、傘立ての使い方
- ロッカーの使い方
- 提出物の出し方
- 机の中の整頓の仕方
- トイレの使い方
- プリントのしまい方
- 遊具の使い方
- 日直の仕事の進め方
- 朝の会、帰りの会の進め方
- 給食の準備と片づけ
- 掃除のやり方

など、学校生活を送るために必要なことをこの1年ですべて教えます。個人として必要な技能と、学級の一員として覚えなければならないことがあります。

「学習の基礎・基本」は、

- 鉛筆の持ち方
- 教科書の開き方
- ノートの使い方
- 発表の仕方
- 話の聞き方
- 学習道具の使い方

などを一から教えていきます。

また、1年生の指導で他の学年と違うところは、**「子どもを動かすとき」「子どもに説明するとき」に工夫が必要**なことです。「指示は1つずつ出す」ことはもちろんですが、さらに1年生にも理解できる言い方をしなければいけません。子どもが混乱しないように「どの順番に」「どんな言葉で」指示を出すのかを考える必要があります。

# 基本的な指導の姿勢

1年生担任の一番大切な仕事は、**子どもたちに「学校は楽しい」と思わせること**です。一緒に過ごす1年間で、「クラスのみんなといると楽しい」「勉強は楽しい」と思えるように工夫した指導をしていきます。クラスのみんなで考えて答えを見つけ出す楽しさ、みんなでいっしょに上手になったうれしさをたくさん味わわせてあげます。

はじめの1か月で、特に意識しなければならないことは、**「子どもの不安を取り除く」**ことです。だれでも新しい環境に変わるときは不安なものです。小学校と幼稚園や保育園とは違います。学校の中は知らない場所がいっぱいです。知らない人もたくさんいます。怖そうな男の先生もいます。おうちの人も迎えに来てはくれません。

そんな子どもたちの不安を取り除いてあげるのが、1年生担任の役割です。子どもたちにとって担任は、「たった1人の知っている先生」だからです。子どもたちが安心して学校に来られるように、笑顔で接していきます。

朝は、子どもたちよりも早く学校に行き、靴箱や教室で出迎えます。心配なことや不安なことがあっても、担任が近くにいれば話をすることができます。いつも「困ったことがあったら、先生が助けてあげるよ」と声をかけていきます。

1年生の学習はとても簡単に思えますが、教える相手は、まだ生まれてから6年しか経っていない子どもたちです。「できないこと」「わからないこと」もたくさんあります。大人が当たり前だと思っていることも知りません。「簡単だからすぐにわかるだろう」ではなく、**「すぐにできないのが普通」「わからないのが普通」**と考えておきます。特に夏休み前くらいまでは、多少学習進度が遅れても、焦らず、スモールステップで丁寧に進めていくことを心がけておくことが大切です。

確かに、1年生の担任は、大変なこともたくさんありますが、それ以上に楽しいことがいっぱいです。学校生活も、学習も何も知らなかった子どもたちが、3月には自分たちでいろいろなことができるようになっています。

「できなかったことができるようになっている」
「わからなかったことがわかるようになっている」

1年生の成長は、目に見える形ではっきりとわかります。ここが他学年との大きな違いです。子どもたちの成長する姿が見られることが、1年生担任の一番のやりがいです。

# 第2章
# 1年生の担任に決まったら

# 入学式までの準備

## やることのリストアップと入学式までのスケジュール作成

入学式までの5日間（4月6日が入学式の場合）でやらなければならない仕事がたくさんあります。どの学年になっても年度はじめは忙しいのですが、1年生担任は、「入学式」というビッグイベントがあるので、いっそう慌ただしいものです。

やることを忘れたり、ミスをしたりしないように、まずは落ち着いてやることをリストアップします。前年度の資料が引き継がれていたら、ざっと目を通しておきます。

1年生担任の仕事にも、学校によって微妙な違いがあるので注意が必要です。ベテランの先生や前年度に1年担任だった先生がいたら、リストを見せて忘れていることがないか確認してもらいます。

やることがはっきりしたら、入学式までのスケジュールを作成します。優先順位をつけて大事なことから進めていきます。**個人でやること、学年部でやること、級外の先生にお**

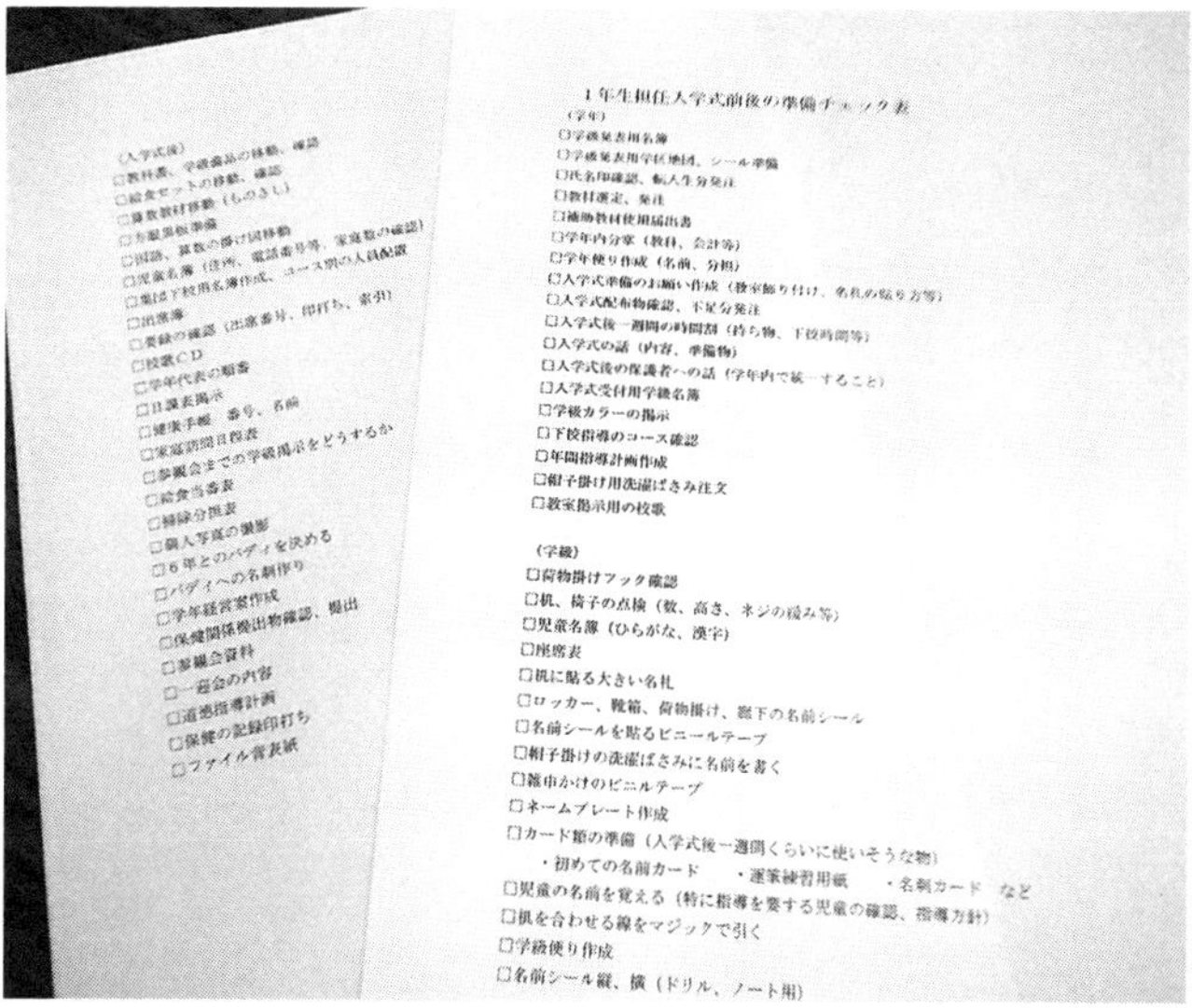


**願いすることを分けておくことも重要**です。上手に仕事を割り振って進めていかないと入学式までに間に合いません。

「学級名簿作成」「児童の名前書き」「名札づくり」などの担任でなくてもできる細かい仕事は、どんどん級外の先生方にお願いしましょう。

一番はじめの仕事は、**「クラス発表用の掲示の準備」**です。名前、出席番号など、間違いがないかしっかり確認します。「ず」と「づ」の間違いなど見落としてしまうことがあります。名前の間違いは、絶対に避けないといけません。学年の先生方だけでなく、たくさんの目でしっかりチェックしましょう。

## 配慮が必要な子を確認する

1年生担任に決まったら、入学してくる子どもたちの資料に目を通します。幼稚園、保育園からの引き継ぎ事項、就学時健康診断のときの様子などが記録されているはずです。特別支援学級の担任や養護教諭とも確認しておくことがあれば、話をする時間をとるようにします。

クラス編成が行われていなければ、**配慮を必要とする子どもを考慮しながらクラス編成を行い、それぞれの担任を決めます**。

配慮が必要な子どもについては、学年全体での指導が必要になるので、1年生担任全員がしっかりと把握しておく必要があります。その子に対して、どのように指導していくかを話し合っておき、学年で統一した指導ができるようにしておきます。

配慮が必要な子には、

・発達障害がある子
・友だちとのトラブルが多い子

・おとなしくて、友だちとうまくかかわれない子
・欠席が多い子
・持病がある子（アレルギー、喘息など）

が考えられます。

特に「発達障害がある子」「友だちとのトラブルが多い子」は、入学式当日から問題が起こる可能性があるので、名前をしっかりと覚えておきます。入学式の座席、教室での座席もチェックして初日からしっかり観察できるようにしておきます。級外の先生にも伝えておき、なるべく多くの教師で見守ることができるように準備をしておきます。

特に気になる子がいる場合は、入学式当日に保護者と話をする時間をつくり、今後担任として気をつけていくことを確認します。**可能であれば、入学式までに時間をつくり、幼稚園や保育園に連絡して直接話を聞きます。**

## 学年間の共通理解を図る

入学式の準備と並行して、学年として、この1年間をどのように進めていくのか確認しておきます。

・4月の行事、学習予定の確認
（給食はいつから始まるのか、1年生を迎える会はいつか、など）
・入学式後1週間の時間割作成
（プリントなどの必要なものの準備）
・教材の選定、注文
・学年内の分掌、役割分担の決定
・学校のきまりの確認
・学年目標を決める

「どんな子に育てたいのか」「そのためにどんな手立てを打つのか」を共通理解しておい

て、入学式後の学級活動でも話題にします。

特に、**「4月の行事、学習予定の確認」**は、大切です。「給食はいつから始まるのか」を見て、「給食当番の分担」「配膳の仕方」「何時から給食準備を始めるか」「何時までに片づけるのか」などを、学年で合わせられるようによく話し合っておきます。

国語、算数などの進め方もみんなで確認します。学年内の分掌が決まったら、「算数で使うプリントは算数担当がつくる」「国語で使うプリントは国語担当がつくる」と決めて、みんなで一緒のものを使うようにします。

「1年生を迎える会」で歌う歌なども、話題に出します。使えそうな歌があったら、CDや楽譜なども探しておきます。

入学後、1か月くらいは、学校生活に慣れさせるために、学年全体で一緒に授業を行うのもよいでしょう。「生活科」「音楽」「体育」などは、学年合同で行い、気になる子の様子などを学年全体で見ていくようにします。

## 学年・学級経営案作成の準備をする

学年として、この1年間どのように進めていくのかを共通理解したうえで、どんな学年、学級をつくっていくかを考えていきます。正式な学年・学級経営案を作成するのは、5月初旬くらいだと思いますので、自分の思いなどをノートに少しずつ書いていきます。

・学年、学級の目標（目指す子どもの姿）
・目標に迫るための具体的な手立て（「学習」「生活」「特別活動」等）

1年生の担任がはじめての先生は、1年生に関係する書籍などがあったら、目を通しておくと、イメージが湧いてきます。

入学式で子どもたちに会って、自分のイメージと違う部分を修正していきます。**子ども一人ひとりに個性があるように、学年・学級にも個性があります。**「伸ばしたいところ」「足りないところ」を見きわめて、経営案を作成します。

# 第2章
# 1年生の
# 担任に決まったら

## 1年2組学級経営案

1年　2組　（　渡邊　朋彦　）

**学校教育目標**　心ゆたかで　たくましい子

**重点目標**　生き生きと学び、共に高め合う宮竹っ子の育成

**学年目標**　なかよく　がんばる子

**学級目標**　えがお　いっぱい
やるき　いっぱい

**めざす学級の姿**

・笑顔いっぱいのクラス（休み時間も、授業中も笑顔があふれる学級の雰囲気を作る）
・自分の思いをしっかりと伝え、友達の話をしっかり聞けるクラス
（授業を中心に、「話す」「聞く」の技能、態度を身に付けさせる）
・苦手なことにも挑戦し、みんなで励まし合ってがんばれるクラス
（こつこつがんばる根気強さとみんなで励まし合う思いやりの心を育てる）
・読み、書き、計算が確実にできる基礎学力のあるクラス
（授業やけやきタイム、家庭学習で基本的な内容を反復練習し、定着させる）

**具体的な手立て**

| 高める | 広める | 耕す |
|---|---|---|
| ・楽しく笑いのある授業作りを心がける。<br>・子供が理解しやすいように、授業の中で、なるべく具体物、写真、絵、本物等を使うように心がける。<br>・繰り返しの指導と、細かいチェックで、学習のルールを身に付けさせる。（返事、発表の仕方、ノートの使い方、聞き方など）<br>・活動の場を多く設定する。<br>・一人学び、二人学び、グループ学びの場を意図的に組む。<br>・授業時間を守る。（休み時間を保証する）<br>・けやきタイムや家庭学習を有効に機能させ、「読み」「書き」「計算」の基礎学力を確実に身に付けさせる。<br>・知識よりも知恵（学び方）を身に付けさせることを意識する。 | ・学校生活に必要な技能（トイレ、給食、掃除、廊下歩行など）を繰り返し指導し、身に付けさせる。<br>・日直、清掃、給食などの当番活動を全員に経験させ、学校生活、集団生活に必要な基本的技能を身に付けさせる。<br>・学級での生活に必要な仕事を少しずつ係活動として位置づけていく。<br>・係活動を中心に、自分のやるべき仕事を責任を持ってやり遂げるように支援する。<br>・係の仕事をする時間を設定し、活動をこまめにチェックすることでマンネリ化を防ぐ。<br>・クラス全員で、一つの目標が達成できたら、ミニパーティーを行う。全員でがんばる気持ちを高める。 | ・学級、学校の決まりをしっかりと守らせることで、集団行動の基礎基本を身に付けさせる。月のめあてを中心に指導していく。<br>・「ありがとう」「ごめんなさい」が自然に言えるようにする。<br>・善悪の判断を、機会を逃さずに指導する。<br>・学級遊びの日を設定したり、定期的なアンケート調査等で、ひとりぼっちの子がでないようにする。<br>・休み時間や給食時間等に子供とのコミュニケーションをはかり、一人一人の子供の理解を深める。<br>・徐々に指示を減らし、自己決定の機会を多くして、自分の判断で正しい行動ができるように支援する。 |

# 教室環境を整備する

入学式までに、教室環境を整えます。

まずは掃除です。小学校入学という記念日を美しい教室でスタートできるようにしてあげます。前年度の担任がきれいにしてくれているとは思いますが、

「窓が汚れていないか」

「ロッカー、黒板の上、蛍光灯の上にほこりがたまっていないか」

「学級文庫は整頓されているか」

などを点検しておきます。

掃除が終わったら、机、椅子の数を確認し、高さを調節します。それぞれの子どもの背の高さまではわからないので、同じ高さにそろえます。そのときに、ネジの緩みはないか、ガタついているものはないかも点検します。

子どもが自分で机の整頓ができるように、床に印をつけておきます。机の脚の手前側に印をつけておくと、1年生でも上手に整頓ができます。

ロッカーや荷物かけの数も確認します。学級の人数に合わせて、どの場所を使用するの

かを決めておきます。入学式の日に子どもが持って来たものを置く場所を決めていないと混乱します。算数ボックスや粘土、探検バッグ、鍵盤ハーモニカなどは、どこに置くのかをしっかり決めておきます。

教室掲示用の校歌は、ひらがなで作成し、子どもたちが教室の後ろからでも見える大きさに拡大コピーしたものを準備します。

教室だけでなく、「トイレ」「水道」「靴箱」「傘立て」などの確認をしておきます。入学式当日の天気が雨の場合もありますので、**子どもがレインコートを着てきたときに、どこに置くのかも確認しておく必要があります**。

入学後、すぐに給食も始まります。給食当番表も作成しておきます。1年生でも仕事内容がわかるようにイラストなどを入れたわかりやすい当番表にします。

1年生は、急に熱を出したり、鼻血を出したり、吐いてしまったりすることがあります。「体温計」や「ティッシュ」、「嘔吐処理セット」なども準備しておきます。緊急事態が起きたときに、落ち着いて対応できるようにしておきます。

## 子どもの名前を覚える

入学式の呼名や入学式後の教室でのあいさつで、名簿を見ないで子どもの名前を呼べるのが理想です。しかし、無理をする必要はありません。**名簿で確認しながら、間違えないように呼名をすればよい**のです。万が一、保護者の前で子どもの名前を間違えてしまったときのリスクはかなり大きなものです。子どもや保護者を傷つけてしまうだけでなく、教師としての信頼も大きく低下してしまいます。

名簿を見ながらの呼名でも、緊張すると間違えてしまうことがあります。間違いが起こらないようにするためにも、子どもの名前は入学式までに覚えておきましょう。

入学式まではとても忙しいので大変ですが、名前だけでも覚えておけば、入学式後の1週間で子どもの名前と顔が一致するようになります。**子どもを早く覚えれば、入学後の学級での指導が円滑に進みます**（入学後なるべく早く子どもの写真を撮って顔と一致させます）。

人によって覚え方は、いろいろあると思います。自分に合ったやり方で覚えましょう。

わたしの場合は、「何度も言って覚える」です。**名簿の作成や名前シールの作成などを**

**行うときにも、なるべく声に出して言うようにしています。**1年生担任は、他の学年の倍くらい子どもの名前書きをするので、それだけでもかなり頭に入ります。家に帰ってからも、お風呂に入っているとき、トイレに入っているときなど、出席番号順で子どもの名前を言います。出席番号順で覚えておくと、プリントなどを集めたときに、さっとそろえることができて便利です。ある程度覚えたら、他の先生に聞いてもらい、読み方の間違いがないか確認してもらいます。


「何としても覚えなくては」と思うと、辛くなってくるので、

「○○という名前は素敵だな。どんな子かな？」

「○○くんは、前の学校のときに同じ名前の子がいたな」

などと考えながら覚えます。


先生方に子どもの名前の覚え方を聞くと、「単語カードを使って覚える」「ボイスレコーダーに入れて何度も聞く」「ノートに何度も書く」など、いろいろな方法で覚えているようです。

## 資料を準備する

1年生に言葉だけで説明しようとしても、なかなか伝わりません。**1年生にもわかりやすい「写真」や「絵」**を準備しておきましょう。

以下のものを準備しておくと、はじめの1週間の指導で役立ちます。

・学校に来たらやること（ランドセルのしまい方、道具箱の使い方）
・鉛筆の持ち方　・正しい座り方　・靴箱、傘立ての使い方
・声のものさし　・トイレの使い方　・給食の準備の仕方

はじめの1週間で使いそうな学習プリントも一緒に準備しておきます。

・運筆用プリント
・はじめて書く自分の名前のプリント

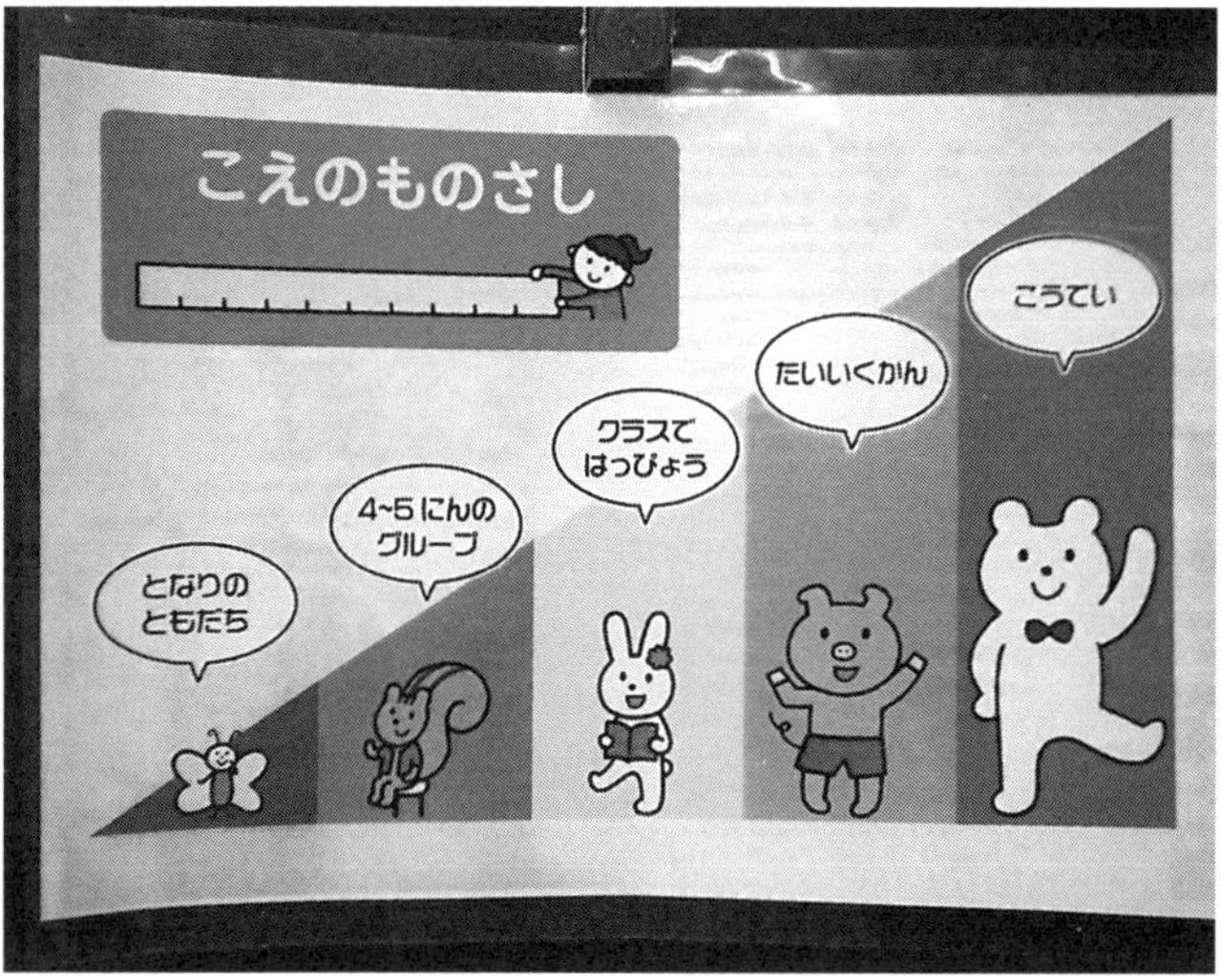
こえのものさし
となりの
ともだち
4~5にんの
グループ
クラスで
はっぴょう
たいいくかん
こうてい

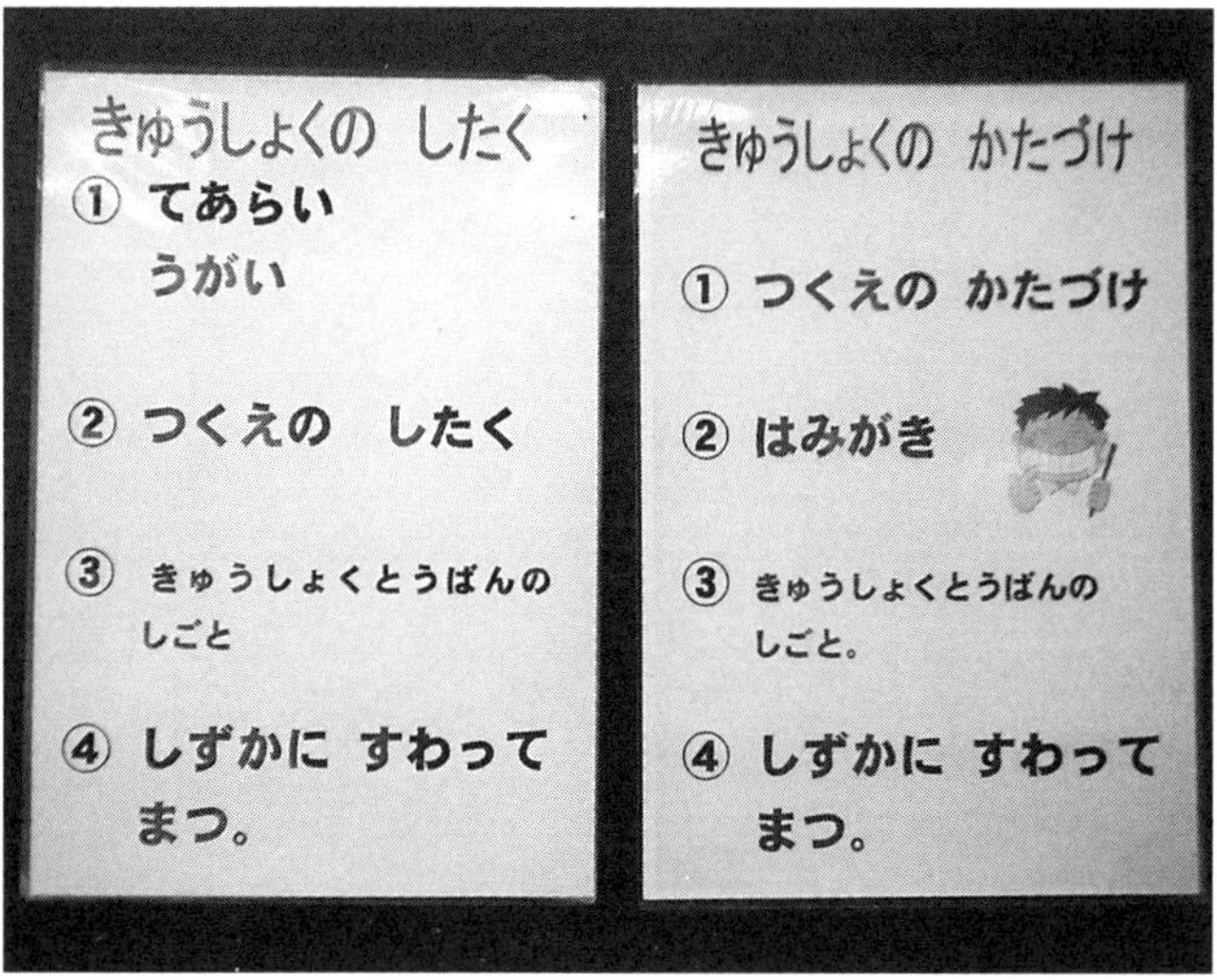
きゅうしょくの　したく
① てあらい
うがい
② つくえの　したく
③ きゅうしょくとうばんの
しごと
④ しずかに　すわって
まつ。
きゅうしょくの　かたづけ
① つくえの　かたづけ
② はみがき
③ きゅうしょくとうばんの
しごと。
④ しずかに　すわって
まつ。

## 入学式当日の流れを確認する

心にゆとりをもって入学式に臨めるように、**「出勤」から「1年生の下校」までの流れをしっかりと確認しておきます。**

右のように書き出してみると、流れが見えてきます。自分の動きがイメージできるようにします。

**朝**

・少し早めに出勤し、教室、靴箱、受付、体育館などを最終チェック。

**入学式前**

・受付付近で1年生と保護者を迎える（配慮が必要な子を確認）

・教室での様子を観察する（6年生にランドセル等の荷物の置き場所を伝える）

**入学式**

・指定の場所に座る

・担任発表（大きな声で返事をし、子どもたちの前に立つ）

・担任の話（子どもの前に戻る。途中で保護者へのあいさつも忘れずに入れる）
・退場（子どもと一緒に教室に戻る。列が崩れないようにゆっくり歩く）

**教室に戻る**

・トイレ（一度席に座らせたら、トイレに行かせる）
・体育館での写真撮影（もう一度体育館に戻り、写真を写すことを説明する。写真撮影後、並び方がわからなくなる子がいるので注意）

**学級活動**

・子どもへのあいさつ（笑顔で大きな声で。子どもたちのあいさつを確認）
・クイズ（リラックスさせる）
・呼名（やり方を教える。一人ずつ名前を呼ぶ）
・保護者へのあいさつ
・連絡、お願い（もれがないように注意）
・帰りのあいさつ（笑顔で大きな声で）

できるだけ細かいところまで書き出すと、準備不足に気づくことがあります。

## 入学後1週間の時間割を作成する

入学式当日に配付する学年だよりには、1週間分の時間割も載せます。

1年生は、まだ計画帳を使えないので、保護者と一緒に学校の支度をしてもらいます。

作成のポイントは、**ゆとりをもった計画**です。1年生は何をするのもはじめてなので、時間がかかります。集中力も長続きしないので、すぐに飽きてしまいます。あせって学習を進める必要はありません。

小学校生活への適応が難しい子どもに配慮し（小1プロブレムの克服）、以下の点に注意して、入学後の時間割を作成していきます。

- 徐々に学校生活に慣れさせる（スモールステップで。45分=15分×3ユニット）
- 座学ではなく、活動を多く組む（生活科を中心に、合科的な活動を考える）
- 学級ではなく、学年で取り組む（学年合同の活動、学年集会の効果的な活用）

**3　その他**

○　クラス色のリボンは、１週間は服（名札）に付けてください。

○　学校生活のことで分からないことがありましたら、連絡帳に書いて担任に相談してください。書いたページを開いて担任に出すようお子さんに声をかけて持たせてください。

○　学年だよりはしばらくの間、１週間に１回出します。

※教科書や持ち物は、学年だよりをご覧の上、お子さんと一緒に支度をして、忘れ物がないようにご配慮ください。

## ★学習の予定　（４月１０日～４月１４日）

| | １０日（げつ） | １１日（か） | １２日（すい） | １３日（もく） | １４日（きん） |
|---|---|---|---|---|---|
| あさ | げんきな あいさつ | けんこう かんさつ | ぼうはんの はなし | けんこう かんさつ | おはなしのかい（よみきかせ） |
| 1 | **こくご**<br>じこしょうかい<br>・なまえ<br>・すきなもの | **こくご**<br>はじめてかく<br>じぶんのなまえ | **がっかつ**<br>たいそうぎにきがえよう<br>ならぼう | **こくご**<br>あさ | **さんすう**<br>どうぶつ たんけん |
| 2 | **がっかつ**<br>・かばん、くつのしまいかた<br>・といれのつかいかた | **しょしゃ**<br>えんぴつのもちかた<br>せんをなぞろう | **はついく そくてい**<br>・靴下をぬぎます。記名をお忘れなく | **ひなんくんれん**<br> | **ちょうりょく けんさ** |
| 3 | **がっかつ**<br>・しゅうだんげこうのならびかた | **おんがく**<br>こうかを うたおう | **がっかつ**<br>きゅうしょくのはなし | **せいかつ**<br>きょうから いちねんせい | **おんがく**<br>いちねんせいをむかえるかいのれんしゅう |
| 4 | ・あんぜんにかえろう<br> | **がっかつ**<br>・あんぜんにかえろう | きゅうしょく しどう<br> | きゅうしょく しどう | きゅうしょく しどう |
| 5 | | | | | |
| もちもの | **おどうぐばこ**<br>・のり・はさみ・くれぱす・ぱすてぃっく・ねーむぺん・じゆうがちょう | **ぞうきん**２まい | **たいそうぎ**<br>**きゅうしょく せっと**<br>・ふきん・こっぷ・はし・ふぉーく・すぷーん・はぶらし・ますく<br>**つめをきってくる** | **きゅうしょく せっと**<br>**なふだ**<br>（まいにち）<br>**たんけんばっぐ** | **きゅうしょく せっと**<br>**なふだ**<br>（まいにち）<br>**成長の記録**<br>（グラフの記入と印をお願いします） |
| げこう | とくべつにっか<br>１１：２０ごろ<br>（集団下校） | １１：４０ごろ<br>（集団下校） | １３：２０ごろ<br>（集団下校） | １３：２０ごろ<br>（集団下校） | １３：２０ごろ<br>（集団下校） |
| れんらく | ・毎日、学習する教科の教科書とノートを持たせてください。<br>・連絡帳、連絡袋は、毎日持たせてください。<br>・給食当番の子は、週末に白衣を持ち帰ります。洗って月曜日に持たせてください。<br>・校内で使用するものには、持ち物に必ず**記名（ひらがな）**をお願いします。<br>・集団下校の際にお子さまがわかりやすい所まで出ていただけるとありがたいです。ご都合の付く方は、ご協力をお願いします。 | | | | |

## 入学式前日準備のための準備をする

入学式前日の準備は、だいたい2、3時間です。ここでやり残した仕事は、学級担任がやらなければなりません。時間内に仕事が終わるように、事前の準備をしっかりしておきます。例えば、

・教室の飾りつけはどうするか（飾るものはどこに置いてあるのか）
・机の配置はどうするのか（出席番号順は、どちら側からか）
・名札はどこに貼るのか（ロッカーの上か下か。靴箱、傘立てはどうするか）
・配付物には何があるのか（どのように机の上に置くのか）
・受付には何を用意するのか

などを、全職員がわかるように、「入学式準備のお願い」というプリントにまとめて準備します。また、必要だと思う係には、前年度の写真があったら一緒につけておきます。

## 入学式準備のお願い

平成〇〇年4月5日（　）　１年部

次のように準備を進めたいと思います。どうぞよろしくお願いします。

**教室準備**

１　清掃

・教室の床をはき、水ぶきをする。
・ロッカーの中とその上を水ぶきする。
・前後の黒板とその下（チョークの粉）を拭き取る。
・廊下を掃き、水ぶきする。
・トイレの清掃

２　机、椅子の確認

◎机と椅子の搬入…（１組　３０人、　２組　３０人、　３組　２９人）

☆男女混合の番号順

教　卓

（１、２組）

| | | | | | |
|---|---|---|---|---|---|
| 26 | 21 | 16 | 11 | 6 | 1 |
| 27 | 22 | 17 | 12 | 7 | 2 |
| 28 | 23 | 18 | 13 | 8 | 3 |
| 29 | 24 | 19 | 14 | 9 | 4 |
| 30 | 25 | 20 | 15 | 10 | 5 |

（３組）

| | | | | | |
|---|---|---|---|---|---|
| 26 | 21 | 16 | 11 | 6 | 1 |
| 27 | 22 | 17 | 12 | 7 | 2 |
| 28 | 23 | 18 | 13 | 8 | 3 |
| 29 | 24 | 19 | 14 | 9 | 4 |
| | 25 | 20 | 15 | 10 | 5 |

新しい学校への転任後、すぐに1年生の担任になった場合は、ここでしっかりとどんな教室になるのかイメージしておくことが大切です。わからないことがあったら学年の先生に聞き、確認しておきます。

　教室掲示に使う物は、まとめて教室に運んでおきます。セロハンテープ、はさみ、のりなどの準備も前日までにやっておきます。

## てきぱきと指示を出す

入学式前日には、新6年生も参加する「入学式準備」を行います。「体育館」「教室」「受付」等の準備を学校全体で進めます。

てきぱきと指示を出せるように、入学式全体のことを把握しておかなければなりません。「教室の準備」は、学級担任が中心になり、他の学年の先生、新6年生で進めます。新6年生といえども、はじめての仕事なので指示を出さないと何をすればいいのかわかりません。学級担任がてきぱきと指示を出して、間違いがないように進めていきます。

- 教室、廊下等の掃除
- 机、ロッカー等への名札貼り
- 教室の飾りつけ
- 配付物の仕分け

3　机の上の名札（太いビニールテープ　２５㎝）を貼る

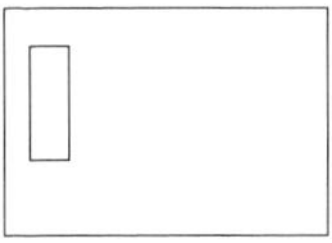

☆机の左上に貼る。

4　教室のロッカー、靴箱、帽子かけに白いビニールテープを貼る

・教室ロッカー（横書き７㎝）　　・靴箱（横書き７㎝）

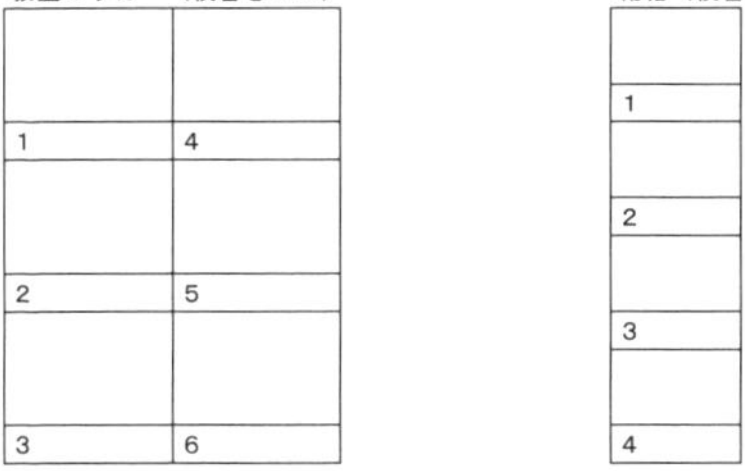


※ロッカー、靴箱ともに下部に名札が来るようにする。

・帽子かけ（縦書き５㎝）

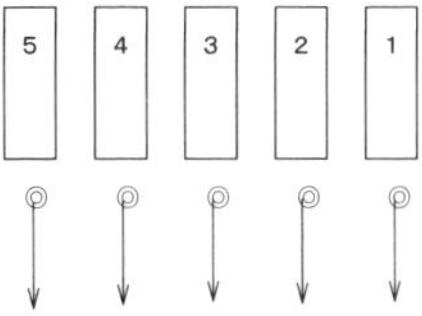


※向かって右から番号順に
※せんたくばさみがついていない時は、
事務室からもらってつけて下さい。

5　机、椅子に画用紙の名札を差し込む

・ビニールの名札カバーがない場合は、事務室に予備があります。

「名札貼り」は、順番を間違えないようにしっかり確認してから作業を始めます。間違えて、最初からやり直すのは、とても大変です。

　**ロッカーや靴箱に名札をつけるときには、入れる場所の上に貼るのか、下に貼るのかを間違える場合があります。**確実に指示を出すことが大切です。

## 教室の飾りつけをする

1年生が気持ちよく学校生活をスタートできるように、教室をきれいに飾りつけて迎えます。

教室の飾りつけの準備については、前年度のうちに新6年生や新2年生が行っていると思います。飾りつけるものがどこに置いてあるのかを確認しておきます。前年度の教室掲示の資料が残っていると思いますので、飾りつけられた教室の写真をクラス分準備しておき、それを見ながら仕事をしてもらえば、それほど大変ではありません。

準備ができていない場合は、一から始めます。「掃除」や「名札貼り」などの仕事は、担任がやることにして、飾りつけの準備に時間をとります。他の仕事の6年生も動員して、たくさんの人数で一気にやってしまいます。なるべく時間がかからず華やかに見える掲示を考えます。**前年度の「6年生を送る会」や「卒業式」で使ったものが残っていたら、それを活用します。**

新6年生にすべて任せてしまうと、学級によって掲示の仕方に差がついてしまうことがあります。すべての学級が同じ掲示になるように（クラス色がある場合は色だけ変える）

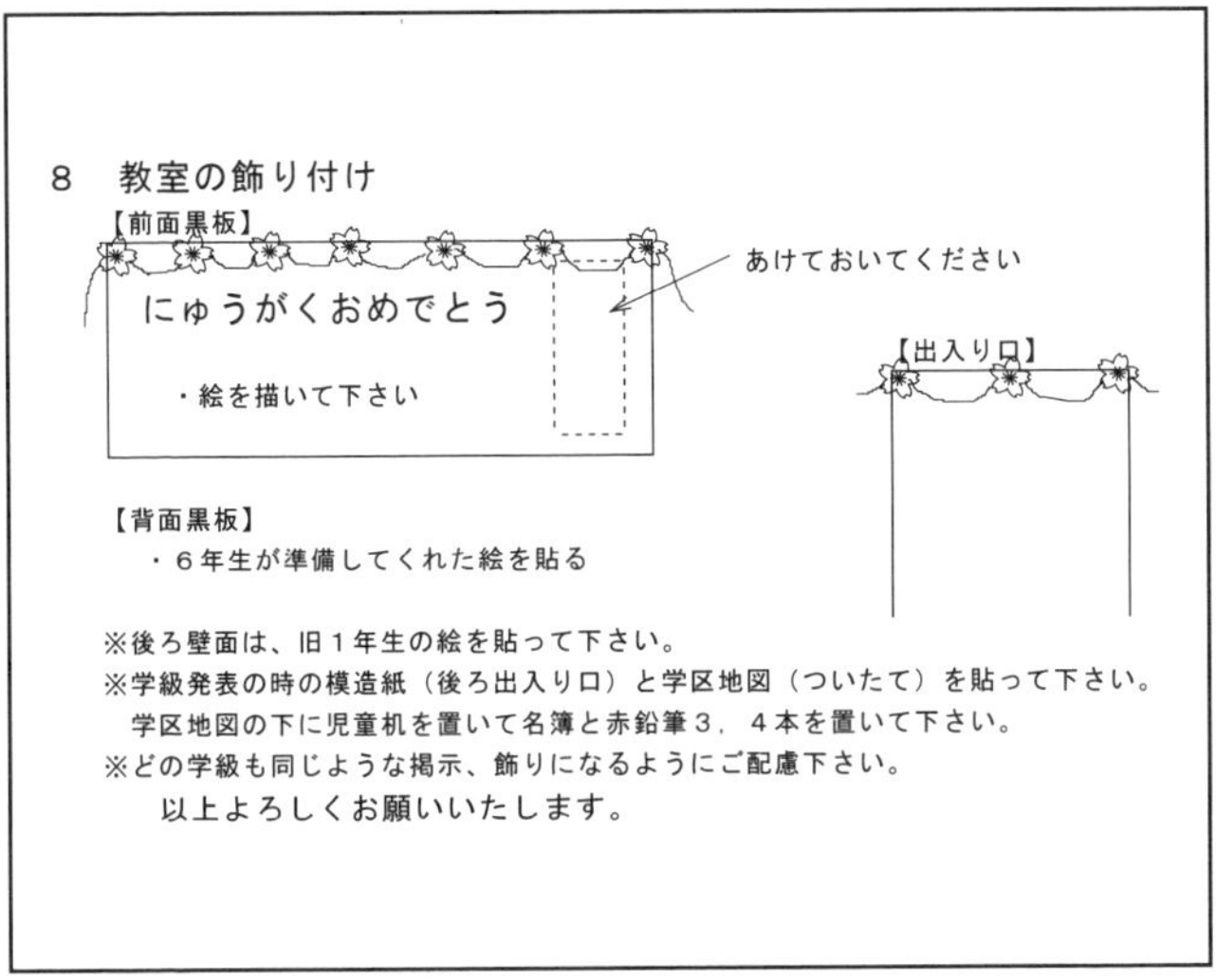

8　教室の飾り付け

【前面黒板】

にゅうがくおめでとう

・絵を描いて下さい

あけておいてください

【出入り口】

【背面黒板】

・6年生が準備してくれた絵を貼る

※後ろ壁面は、旧1年生の絵を貼って下さい。

※学級発表の時の模造紙（後ろ出入り口）と学区地図（ついたて）を貼って下さい。
学区地図の下に児童机を置いて名簿と赤鉛筆3，4本を置いて下さい。

※どの学級も同じような掲示、飾りになるようにご配慮下さい。
以上よろしくお願いいたします。

作業をしてもらいます。「ここには花が5個」「この場所は空けておく」など、具体的に説明すると、新6年生も安心して準備を進めることができます。

教室掲示用の校歌があったら、そのまわりにもちょっとした飾りをつけます。画用紙や色紙でつくった「花」「蝶」などを貼ると華やかになります。高学年の女子はこういう作業が好きなので、頼むと喜んでつくってくれます。

飾りつけをしたものを「いつまで」掲示しておくのかも、学年で相談しておきます。だらだらと掲示しておくよりも、**1週間程度ではずしてしまった方が、教師も子どもたちも気持ちの切り替えができます。**

## 配付物を確認する

入学式当日には、とてもたくさんの配付物があります。何を配るのかしっかり把握しておき（特に後日回収するプリント）、後で保護者から配付物についての質問があっても対応できるようにしておきます。

配付物には、次のようなものがあります。

- 教科書（国語・算数・生活・書写・音楽・図工・道徳）
- 保健関係の書類
- 入学祝いの配付物
- 学校だより等のプリント

**「配付物の仕分け」は、1列に1人ずつ新6年生を分担し、1つずつ順番に机の上に置いていきます。**

配付するプリントは、大きな封筒やビニル袋にまとめて入れます。配付物一覧表をつけ

7　机の上に教科書、配付物、横断バッグを置く

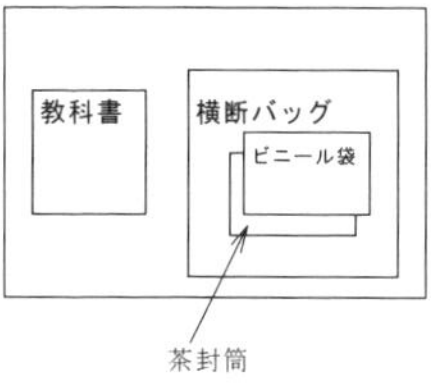


ビニール袋

- 家庭訪問のお知らせ　・参観会のお知らせ
- 交通安全ノート　・防犯ブザー
- 防犯ホイッスル　・交通安全の下敷き
- 黄色いワッペン　・たのしい給食
- あすなろ学習室
- トラック協会給食用ナプキン
- 牛乳協会ランチナプキン

茶封筒

- 結核健康診断問診票　・保健調査票
- 心臓検診調査票　・耳鼻いんこうの病気調べ
- 日本スポーツ振興センターの加入について
- 同意書　・災害共済給付制度のおしらせ

ておくと、教師も保護者も確認するときに助かります。

教科書や配付物は重ねる順番まで決めておくと、入学式後の学級活動で説明するときに説明がしやすく、足りないときにすぐにわかります。

また、机のどの位置に何を置くのかも決めておき、必ずそこに置くように統一しておくと確認が楽にできます。

いくら気をつけて準備をしてもミスは起こりますので、**配付物の予備は、必ず手元に準備しておきます。**すぐに対応できるようにしておくことが大切です。

入学祝いの配付物については、前日にいきなり届いたり、数が足りないこともありますので、気をつけてチェックする必要があります。

## 最終チェックをする

前日準備が終了したら、1年生担任で最終チェックを行います。6年生や他の先生方が一生懸命準備をしてくれたからといって安心してはいけません。人間ですから間違いも起こります。自分の目でしっかりと点検します。チェック表をつくっておくと見落としがなくなり便利です。

**一番大切なのが子どもの名前の点検**です。名前の間違いは絶対に避けたいので、しつこく何度でも行います。

**自分のクラスだけではなく、学年の先生とクラスを交換してチェックするなども有効**です。

- 机、椅子、ロッカー、靴箱などの子どもの名前に間違いはないか。
- 机、椅子、ロッカー、靴箱などの数は合っているか。
- 受付の名簿の出席番号、名前に間違いはないか。

入学式前チェック表

| 場所 | 確認内容 | | | |
|---|---|---|---|---|
| 教室 | 机、椅子の数 | | 帽子掛け | |
| | 机の名札 | | 配付物 | |
| | ロッカー | | 掲示物 | |
| | 荷物掛け | | | |
| 体育館 | 児童用の椅子の数 | | | |
| 受付 | 名簿 | | 学区地図 | |
| | 筆記用具 | | | |
| 靴箱 | 名札 | | 傘立て | |

次に「教室」「廊下」「トイレ」「水道」「靴箱」「体育館」「受付場所」と、見て回ります。ゴミが落ちていないか、整頓されているかを確認します。

最後に、「入学式当日の1日の流れ」を確認します。「自分は何をするのか」「どう動くのか」「子どもに何と言って指示をするのか」など、できるだけ具体的にイメージしておきます。

入学式当日に、ハンカチを持っていない子がいます。トイレに行った後に使えるようにペーパータオルなどを準備しておくと便利です。

# 入学式当日

## 入学式でのあいさつ

入学式でのあいさつは教師も緊張します。子どもたちや保護者によい印象をもってもらえるよう準備して臨みます。台本をつくり、しっかり練習しておきましょう。

学校や学年で何の指導に力を入れていくのか、保護者にも子どもにもわかる内容を考えます。簡単な劇にすると、1年生も楽しんで話を聞いてくれます。あまりにも凝った内容にすると、時間が長くなり1年生が飽きてしまうので、**短くインパクトのあるものが理想**です。また、劇にするときには、ある程度の人数が必要なので、他学年の先生にも手伝ってもらいます。入学式前日にリハーサルをして、劇に参加する全員で流れを確認します。

台本をつくったら、忘れずに校長先生にもチェックしてもらいます。校長先生も学校長の話を考えているはずなので、内容が重ならないようにするためです。

次の例は、「あいさつ、返事」をテーマにした内容です。

子どもたちへのお話
テーマ「あいさつ、へんじをがんばろう」
(王冠、マントを事前に準備しておく)
(子どもたちの前に立つ)
王子「ぼくは、大きな声であいさつができるよい子なんだ。だからみんなから『ワタナベ王子』と呼ばれているんだよ。みんなは、まだ1年生になったばかりだから、難しいね」
(子どもの反応を見て)
王子「○○小の1年生、おはよう」
児童「おはよう」
王子「なかなかやるな、1年生。もう一度、勝負だ」
王子「1年生のみんな、おはよう」
児童「おはよう」

王子「負けた…。でも、ぼくにはもう1つ得意なことがあるんだぞ。何かわかるかな?」
「ヒントは、『へ』で始まる言葉だ」(紙を見せる)
(児童の反応を見て)
王子「そう、『へんじ』だよ。大きな声で返事ができるんだ」
「じゃあ、見本を見せるから、みんなで『ワタナベ王子』と呼んでね」
児童「ワタナベ王子」
王子「はい(大きく)」
「どうだ。まいったか。みんなはできないだろ」
(児童の反応を見て)
王子「じゃあ、みんなの返事を聞いてあげよう」
「○○小の1年生」
児童「はい」
王子「今年の1年生はすごいなあ」
「明日からその大きい声で返事やあいさつをがんばろうね」

児童「はい」

王子「おうちの人に話をするから、ちょっと待っていてね」

**保護者へのあいさつ**

（保護者席の方に向いて立つ）

保護者の皆様、本日は、お子様のご入学おめでとうございます。

義務教育のスタートである小学校1年生という大切な時期に、担任を務めさせていただくことになりました。

子どもたちが1日も早く学校生活に慣れ、毎日楽しく過ごしていけるように、担任だけでなく○○小の職員全員で、全力で取り組んでいきます。

しばらくの間は、緊張して過ごすことと思います。ご家庭では、疲れがたまらないように健康管理にご配慮いただきたいと思います。

それでは、1年間、どうぞよろしくお願いいたします。

## 入学式後の教室でのあいさつ

入学式後の学級活動の時間は、あっと言う間に過ぎてしまいます。保護者に伝えたいことはたくさんありますが、時間が限られています。何が必要なのかよく考えて、**大切なことだけ伝え、残りは、プリントで補うようにします。**

入学式のあいさつと同じように、台本をつくって練習しておくと、自信をもって話が進められます。

保護者が見て、「この先生なら、任せても大丈夫だな」と思ってもらえるようなあいさつを考えます。

学級写真の撮影で体育館に戻る必要があるときは、教室でのあいさつも二部構成にできるようにしておきましょう。

### 入学式後の学級活動の例

### 子ども向けあいさつ

（トイレに行きたい子を確認し、行かせる。級外の先生についてもらう）
①はじめのあいさつ
「入学式、疲れたね。ちょっと運動しよう」

（リラックスさせる（肩の上下等））

「みなさん、入学おめでとうございます」

（返事ができるか？　できたらほめる。できなかったら教える）

「先生の名前は、わたなべともひこです。わたなべ先生と呼んでください」

（クイズを3つ出す）

「ここは、何小学校でしょう？」

「ここは、何年何組でしょう？」

「先生は、何という名前でしょう？」

（たくさん手があがったら、全員で答えさせる）
②呼名
「わたなべ先生が、名前を呼んだら、『はい、わたなべ先生』と言ってください」

教師「○○さん」
児童「はい、わたなべ先生」
教師「おうちの人に話をするから、教科書を見て待っていてね」

保護者向けあいさつ、説明

③はじめのあいさつ
「本日はお子様のご入学おめでとうございます。1年○組の担任の渡邊です。1年生は伸びるのも変わるのも早いので、とてもやりがいがあります。子どもたちが1日も早く学校に慣れ、安心して学校生活を送れるように全力でがんばります。1年間よろしくお願いします」

④配付物の確認
「今日は、たくさんの配付物があります。いくつか確認させてください」
◎保健用封筒、引き渡しカードなどたくさん。
（保健用封筒は袋から出さず説明だけ）

「学年便りを見て、確認してください。足りないものがあったら、連絡帳でお知らせください」

◎同意書、防災カード（白2枚）、家庭訪問のお知らせ。

「提出日を確認して、忘れずにお子さんに持たせてください」

◎保護者会の説明

「1年間の生活や学習のことについては、○日の保護者会でお話しします」

⑤集団下校の説明→下校時刻の確認

「今週は、集団下校です。職員が地域ごとに、途中まで送っていきます。今日の帰りには、通学路をもう一度、親子で確認しておいてください。時間がある方は、集団下校の時間に近くまで迎えに来てもらえると助かります」

「お子さんは緊張して疲れていると思います。今日はできるだけ早く休ませ、明日、元気に登校できるようにご支援ください」

再び子どもに向けて

⑥帰りのあいさつ

「1年生のみなさん、お待たせしました」

（立たせる）

「明日も元気に学校に来てください。帰りのあいさつをするよ。さようなら」

# 第3章
# 入学式から1週間の仕事

# あいさつ、返事の仕方

1年生は、小学校の勉強に興味いっぱいです。すぐに「ひらがなの勉強はいつやるの?」「たしざんの勉強をしようよ」と言ってきます。しかし、小学校では、「人とのかかわり方を身につける」のも大事な学習です。

「あいさつ」と「返事」は、「コミュニケーション」のはじめの一歩になるので、しっかりと指導します。

「あいさつ」は、「おはようございます」と「さようなら」から練習を始めます。担任がお手本になって、大きな声であいさつします。朝、子どもたちが教室に入ってきたら、大きな声で「○○君、おはよう」と名前を言ってあいさつをします。元気なあいさつが返ってきたら、「大きな声で言えたね」「今日も元気そうだね」などとほめます。**1年生は、友だちがほめられていると、すぐに真似をしますから、自然に学級全体のあいさつの声が大きくなっていきます。**まずは、教師が子どもたちよりも先に大きな声であいさつをしてあいさついっぱいの教室にしていきます。

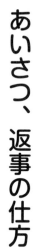

「返事」は、朝の健康観察の時間を使って練習をします。教師に名前を呼ばれたら、「はい」と大きな声で返事をします。

教師「○○さん」

児童「はいっ。元気です」

子どもたちの返事は、「は～い」になってしまったり、小さい声になってしまったりすることがあります。「はいっ」と歯切れよく言えるようにしたいものです。上手に言えた子をほめながら、根気強く指導を続けていきます。**大きな声を出すことが苦手な子もいますから、はじめは、全員ができなくても仕方ありません**。時間をかけて指導していきます。

国語や算数の学習が始まったら、発表の仕方を教えます。このときには、「はいっ」と歯切れよく言って手をあげるように教えます。いろいろな場面で指導を繰り返します。

そんな練習をしながら、「あいさつ」も「返事」も、相手に聞こえないと意味がないことを子どもたちにもわかるように教えます。相手に届く声で言わないと、自分の気持ちが伝わらないことを理解させることが大切です。

# 靴箱、傘立ての使い方

当たり前のようですが、まず「自分の使う場所」を覚えさせることが大切です。**名札が貼ってあってもわからない子がいるのが1年生**です。

入学2日目の授業時間を使い、しっかりと指導します。まず、教室で絵や実物を見せながら説明します。それをしてから、全員を靴箱のところまで連れていきます。いきなり靴箱に連れて行くとそれだけで興奮してしまい、話を聞かせるのは大変です。

以下のことを教えます。

・自分の場所に入れること。
・靴のかかとの部分に書かれた名前が見えるように入れること。
・そろえて入れること。
・（靴箱が2段の場合）上靴は上の段、下靴は下の段に入れること。

「靴箱を見ると、そのクラスの状態がわかる」とよく言われます。心が乱れていると、靴がきちんとそろいません。大切なしつけとして、1年生のはじめからしっかりと指導します。

傘立ての使い方も一緒に指導します。しっかり指導しないと、傘をしばらないで傘立てに入れて、他の傘と重なり、壊れしてしまうこともあります。「傘を、ついている紐でしばって、自分の番号の場所に入れる」ことを教えます。一度教えただけでは、全員ができるようにはなりませんから、雨降りの日には、担任が傘立てのところにいて、見届けをします。できていない子には、何度でも教えます。

靴箱、傘立ての使い方を指導しながら、子どもたちの靴と傘の名前をチェックします。**「靴のかかとの部分（上靴も）」「傘の柄の部分」にしっかりと名前があるかを見ます**。みんな名前が書いてあればよいのですが、名前が書かれていない子や傘の見えにくいところに名前が書いてある子もいます。特に傘は上から見たときにわかる場所に名前が書いてあると、1年生でも間違えずに自分の傘を見つけることができます。傘を開かないと名前がわからないのでは混乱してしまいます。学年便りや連絡帳で保護者にお願いして、名前の場所も気をつけて書いてもらいます。

# 教室に来たらすること

1年生の担任は、早めに学校に来て、子どもたちを笑顔で迎えてあげましょう。

私は、入学2日目は靴箱のところで子どもたちの様子を見ながら待っています。「元気に登校できているか」「いやがって泣いている子はいないか」を観察します。教室は、6年生か級外の先生にお願いします。

「靴を自分の靴箱に入れる」「上靴を履く」「教室に行く」「自分の席に座る」

入学2日目の子どもたちには、こんなことでも大変です。さらに、この後何をすればよいのかわかりません。

「ランドセルから教科書などを出す」「道具箱に教科書などを入れる」「道具箱を机の中にしまう」「帽子をかける」など、登校してから始業までにやることは多くあります。

そのうえ、時間内にやり終えなくてはなりません。

やることを自分から聞きに来る子は立派です。たくさんほめてあげましょう。しかし、一人ひとりに同じことを答えていては大変です。一人ひとりに対応しなくてもいいように、

「教室に入ってきたらやること」を写真やイラストにして黒板に貼っておきます。

入学したばかりの1年生は、ひらがなが読めない子もたくさんいます。そんな1年生にいろいろなことを教えるのに**写真やイラストが有効**です。字が読めなくても写真やイラストを見て真似することはできます。1つずつ担任が指示しなくても、子どもたちは写真を見ながら朝の支度を進めます。徐々に写真を見なくてもできるようになっていきます。

しばらくは、6年生に助っ人を頼んでおくのもいいでしょう。**優しい6年生は、すぐにやってあげようとしますが、「やってあげる」ではなく、「教えてあげる」ように頼んでおくことも大切です。**

# ランドセルのしまい方

ロッカーの中のランドセルがきちんとそろっていると、教室全体が引きしまった感じがします。1年生からしっかりと自分の持ち物の整理整頓ができるようにしたいものです。そのために、まずランドセルのしまい方を指導します。

ランドセルをロッカーに入れるときは、「金具の部分を奥に」「つるつるの方を前に」と教えます。「ぱっと見たときに、きれいに見えること」「金具のところが体にあたると危険なこと」を説明します。ランドセルの横につけている防犯ブザーなどがはみ出さないように入れることも忘れずに話します。

ランドセルを出し入れするときに、防犯ブザーを鳴らしてしまい、止め方がわからなくて困る子が必ずいます。間違って防犯ブザーが鳴ってしまったら、どうしたらよいかも指導しておきます。

ランドセル以外にも、ロッカーの中に入れておくものがあります。**ロッカーの数と子どもの人数によって変わるので、学年でどこに何を入れるのか決めておきます。**それぞれの

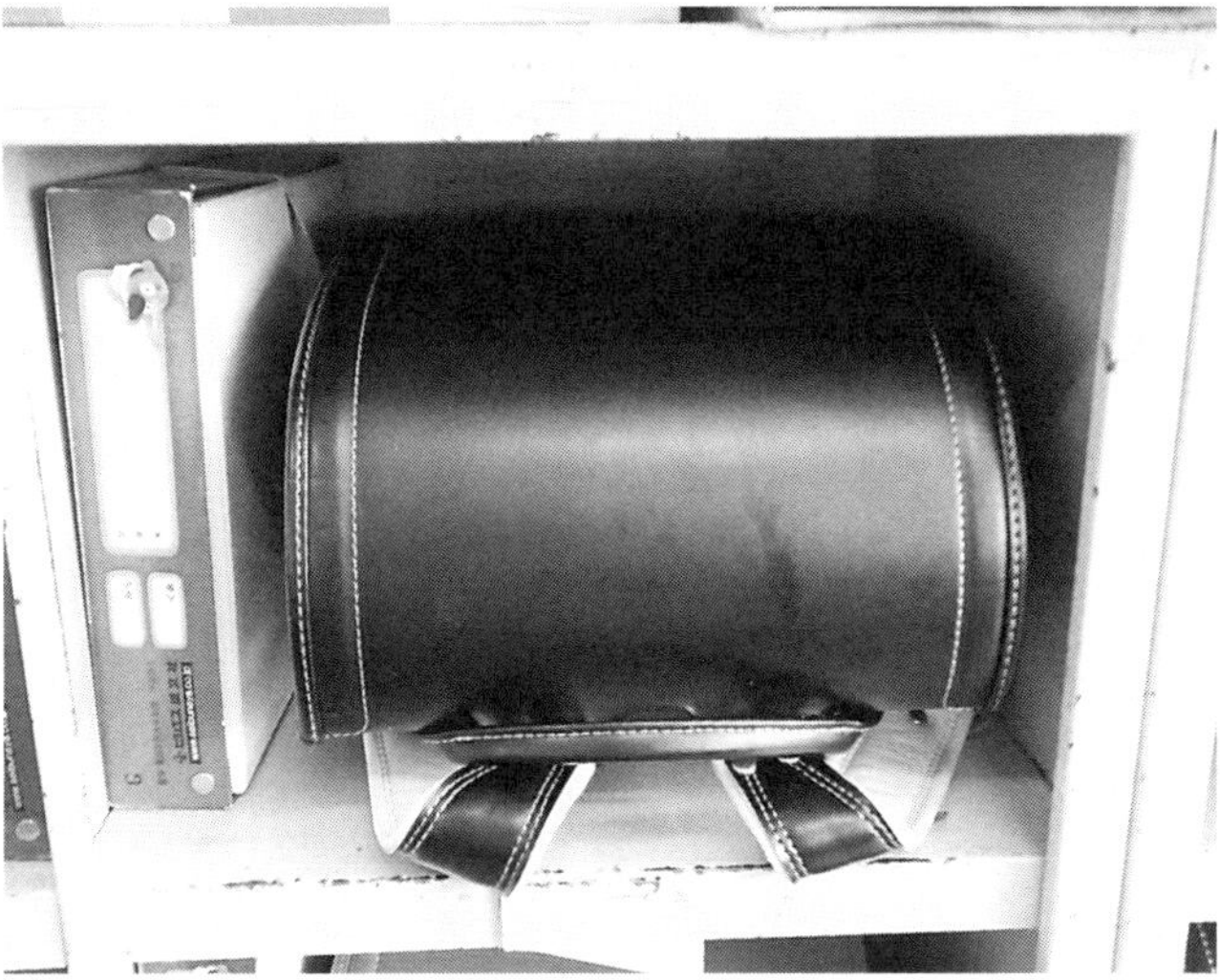

ものの正しい入れ方を教えます。

・算数ボックスは、ランドセルの横に立てて入れる。
・粘土板は、ランドセルの下に置く。
・置き傘は、ロッカーの隅に入れる。
・粘土は、空いているロッカーにまとめて入れる。名前が見えるように置くと、出すときに便利。

など、一つひとつ丁寧に教え、できるようにしていきます。
気持ちよく整頓された教室環境は、学習や生活に大きな影響を与えます。

# 連絡帳、提出物の出し方

1年生の保護者の中には、はじめて自分の子が小学校に入った方もたくさんいます。小学校生活について保護者自身が不安な気持ちになっていることもあります。連絡帳は、そんな保護者と連絡を取り合うことができる大切なものです。大事な連絡が書いてあることがあるので、連絡帳は毎朝集めて確認します。

**連絡帳に何も書いていなくても全員分を集めます**。「何か書いてある子は出して」と言っても、わからない子や出し忘れる子がいるからです。必ず全員が出すことにしてあれば、連絡帳の数を数えれば、出していない子がいてもすぐにわかります。「朝、学校に来たらすること」に連絡帳を出すことを入れ、習慣にしてしまいます。保護者にも、連絡帳を毎日集めていることを知らせ、いつも連絡袋に入れておくようにお願いしておきます。

そのために、連絡帳の出し方もしっかり教えます。連絡帳を入れる箱を準備して、その中に連絡帳を開いた状態（一番新しいことが書いてあるページを開いて）で伏せて出すように教えます。**開いた状態にしておかないと、確認するのにとても時間がかかります**。朝

は忙しいので、無駄な時間はなるべく減らします。はじめにしっかりとやり方を教えておくことが重要です。

宿題を出すようになったら、音読カードや宿題のプリントも箱を用意して、そこに入れるように教えます。プリントを出すときには、「名前が見えるように入れる」「向きをそろえて入れる」をできるようにします。

お金を集めるときは、全員一斉に集めます。紛失などのトラブルが起きないようにするためです。「お金は箱に入れないで先生に直接渡す」「黙って先生の机に置いたりしない」を徹底します。

# 道具箱の使い方

道具箱は、机の中が乱雑にならないように使います。「片づけましょう」「きれいにしましょう」と言うだけでは、きれいにはなりません。使い方をしっかり教え、定期的に点検します。

**見本の写真を掲示して、道具箱のどこに何を入れるのかを教えます。**

机の上に道具箱を出します。子どもから見て、右側に箱のふたの部分。左側に下の部分を置きます。ふたの方が一回り大きく、浅いので、子どもが正しく置けているか見ればわかります。

右側には、ランドセルから出したものを入れます。毎日持ち帰る物です。その日の時間割を見て、1時間目に使うものを一番上、2時間目に使うものをその下、というように入れていくと、勉強が始まるときにすぐに教科書を出せることを教えます。

帰るときには、道具箱は机の上に出しておき、次の日にすぐに使えるようにします。また、道具箱を出したら、机の中にものが残っていないか確認させます。プリントなどがく

しゃくしゃになって入っていることがあります。

（右の箱に入れるもの）
・教科書　・ノート　・筆箱
・下敷き　・連絡袋　など

左側には、普段学校に置いておくものを入れておきます。

（左の箱に入れるもの）
・色鉛筆　・クレヨン　・はさみ
・自由画帳　・歌集　・のり
・ラッションペン　など

# 健康観察のやり方

毎日、朝の会の時間に健康観察を行います。子どもたちには、何のために健康観察を行うのかわかりません。健康観察は、「みんなが1日元気に過ごせそうか確認すること」「調子が悪い子がいたら気をつけて様子を見るためにすること」を行うのに大切だと子どもたちにもわかるように説明します。

教室には、幼稚園や保育園で一緒だった友だちだけでなく、たくさんの新しい友だちがいます。これから1年間、学校生活をともに過ごす友だちとのコミュニケーションの第一歩は、お互いの名前を覚えることです。

**毎朝行う健康観察を、友だちの名前を覚える機会にします。**健康観察のときには、教師に呼ばれたら、「はい」と返事をします。教師は、フルネームで名前を呼び、みんなにその子の名前を覚えてもらえるようにします。教師自身が子どもの顔と名前を覚えることにもなります。

元気なときは、呼ばれた後「はい。元気です」と言います。その場でみんなで練習します。

体の調子が悪いときは、「はい。風邪をひいています」と、病気や怪我のことも言います。これも、その場で練習します。「お腹が痛い」「頭が痛い」などもあることを説明しておきます。

ここまで練習して、本番です。4月は、座席が出席番号順になっているので、担任も「一番の子」「二番の子」と確認しながら、進められます。

人前で声を出すのが苦手な子は、緊張して大きな声が出ないかもしれません。**はじめは無理に大きな声で言わせようとせず、聞き取れなかったら、担任がそばに言って聞いてあげます。**大きな声で言えた子は、ほめてあげます。まわりの子も自然に真似をして、大きな声を出すようになってきます。

健康観察の様子を見ていると、「この子は大きな声が出せる」「この子は調子に乗るとふざけてしまう」「この子は話すのが苦手」など、子どもたちのことがわかってきます。

子どもたちが健康観察に慣れてきたら、**最後に「体の調子が悪い子は、だれでしたか?」などと聞いてみます。**しっかりまわりの子の話を聞いていないとわかりません。ちょっとしたことで、「話す」だけでなく、「聞く」ことを鍛える場にすることもできます。

# トイレの使い方

最近は、洋式トイレしか使ったことがない子がたくさんいます。和式トイレがある学校では、トイレの使い方の指導も必要です。和式トイレの前後を間違って使用してしまう子もいるので、しっかり教えておきます。

まず、掲示用の大きな絵を準備して、教室で全員に説明します。その後、**実際にトイレに連れて行き、具体的に指導します。**

**男子トイレの指導**

・便器の近くに脚を開いて立つ。(近くに立たないと、床にこぼれてしまう)
・おしっこが終わるまで、動かない。(動くと便器からはみ出してしまう)
・友だちがおしっこをしているときに、話しかけたり、ふざけたりしない。

**和式トイレの指導**

・便器の丸い方を向いて、しゃがむ。

・おしりが後ろにはみ出さないように、前の方にしゃがむ。
・トイレットペーパーは、15㎝くらいの長さを2回くらい折って使う。無駄づかいをしない。

**その他の指導**
・使った後は、レバーで水を流す。
・トイレットペーパーがなくなっていたら、先生に言う。
・汚してしまったときは、トイレットペーパーで拭く。自分でできないときは、先生に言う。

また、教室の近くのトイレだけでなく、図書室、体育館、運動場など、それぞれの場所の近くにあるトイレを教えておくことも大切です。いつも使っているトイレまで戻ろうとして、間に合わなかった、などということも起こります。

しっかりと指導をしても、1年生のトイレは、流し忘れていたり、汚れていたりすることがあります。学年部の先生と分担して、子どもが帰った後には、トイレの点検をすることが必要です。

# 手紙、プリントのしまい方

ほとんど毎日、なんらかの手紙を子どもたちに配ります。入学したばかりの1年生は、計画帳を書けないので、学年だよりで1週間の予定をお知らせして、保護者と一緒に学校の支度をしてもらいます。手紙がきちんと家庭に届くことがとても重要です。

しかし、1年生には、これがなかなかできません。しっかりと指導しないと、配った手紙が床に落ちていたり、机の中に丸まっていたりということが起こります。

手紙を配って、「しまいなさい」と言っただけでは、できない子がほとんどです。**「手紙をきちんと折って、連絡袋にしまう」**練習をして、できるようにしていきます。

まずは、手紙をきちんと折る練習をします。担任が大きな紙を黒板に貼って見本を見せます。

・手紙を縦長に置く。
・下の角を上に持ってきて、上の角に合わせる。

・合わせたところがずれないように左手で押さえて、右手できれいに折る。

はじめは、うまくできない子も練習すれば必ずできるようになります。手紙は毎日あるので、練習はいくらでもできます。

手紙やプリントを配るときには、

・朝の会の時間に配る。（「後で配ろう」と考えていると、忘れることが多い）
・何の手紙かわかるように外向きに折る。（確認しやすい）
・大事な手紙には、名前や出席番号を書かせる。（だれのものかわかるように）

のような工夫をすると、手紙が家庭に届かないことが確実に減ります。

プリントを配るときには、列の先頭の子に列の人数分を渡します。自分の分をもらって、残りを後ろの子に渡します。そのときに、「どうぞ」と言って、相手の顔を見てプリントを渡すこと、「ありがとう」と言って受け取ることを教えます。気持ちよく生活するためのマナーも教えます。

# 帰りの支度

1年生は、帰るときによく忘れ物をします。横断バッグや給食セットを机の横にかけたまま帰ってしまったり、中には、ランドセルを置いて帰ってしまう子やランドセルが空っぽのまま帰ってしまう大物もいます。

帰りの支度に慣れるまでは、全員一斉に行います。そして、**忘れ物がないか担任がしっかり確認します。**

次のような手順で行います。

・道具箱を机の上に出す。
・机の中が空っぽか確認する。（くしゃくしゃのプリントが入っていることがある）
・座席が前の子から順番にランドセルを取りに行く。（通路で作業するので、後ろの子から行くと通り道がなくなる）
・ランドセルを椅子の上に置いて、開ける。

・右側の道具箱に入っているものをランドセルに入れる。(道具箱はそのまま机の上に置いて帰る。次の日にすぐ使える。担任も忘れ物の確認がしやすい)
・ランドセルをしっかり閉めて、背負う。
・椅子を机の下に入れる。
・帽子をかぶる。
・机の横に掛けてある荷物(横断バッグ、給食セットなど)を手に持つ。
・帰りのあいさつをする。

さらに、帰りのあいさつの前に、みんなで「指さし確認」をします。教師が言った後、子どもたちも言います。
「お道具箱、よし」(指を指して確認)
「机の横、よし」(指を指して確認)
ここまでやっても、靴箱の近くに荷物を置いたまま帰ってしまう子もいます。はじめのうちは、靴箱まで見送りに行くことが必要かもしれません。

# 下校の仕方

入学後、しばらくの間は、集団下校になります。1年生担任と級外の教師で家の近くまで送っていきます。**子どもたちの通学路を知るだけでなく、危険な場所がないかを確かめます。**集団下校が終わった後は、子どもたちだけでの下校になりますので、子どもたちだけで安全に下校できるように指導します。

入学式の日に、下校のグループを保護者に確認してもらい、グループ色のリボンやシールをランドセルにつけて目印にしておきます（子どもにどのグループか聞いてもわからないので、これは大切です）。

集団下校の1日目は、グループごとに子どもたちを並ばせるのも大変な仕事です。入学式の後に、集団下校用の名簿をつくっておいて、自分のグループがわからない子がいてもすぐに対応できるようにしておきます。下校場所が自宅ではなく祖父母の家の子、児童クラブに行く子もいます。曜日によって帰る場所が違う子もいます。間違いがないようにしっかりと確認する必要があります。

集団下校をすると、自分の家の場所がわからなくなってしまう子や違うグループの友だちについて行ってしまう子もいます。入学式後の保護者への話や学年便りで、「○時くらいに帰りますので、可能な方は、通学路の近くまで迎えに来てください」と頼んでおきましょう。

下校途中に、子どもが不審者に声をかけられるという話もよく聞きます。「子ども避難所」などの場所を教師が確認し、子どもたちに教えておくことも大切です。

「入学式までの準備」のところにも書きましたが、集団下校の準備をしっかりしておかないと、子どもを下校させるまでに大きな混乱が起きます。学年の先生と級外の先生で、どのグループを担当するのか、どの道を通るのか、どこまで送っていくのかをしっかり決めておかなくてはなりません。**配慮が必要な子どもがいるグループには、できれば学級担任がつくようにします**。

集団下校が終わったら、子どもたちだけの下校になります。1年生だけ下校時刻が早い日もあります。学年で下校時刻を合わせて、「家が近い子と一緒に帰る」「なるべく1人にならない」などの指導をしていきます。安全面に関しては、しつこいくらいの指導が必要です。

# 並び方

全校集会や朝礼などで、クラスでまとまって並ぶことができるように、並び方を教えておきます。発育測定が終わったら、背の順での並び方を教えますが、それまでは、出席番号順で並べるようにします。**2列と4列で並べるようになれば、どんなときでも困ることはありません。**

1回目の並び方の練習は、教室と廊下で行います。いきなり運動場に出て行うと、収拾がつかなくなって大変です。廊下に出たら、担任が並び方を教えます。まず出席番号順に1列に並ばせて、1番と2番、3番と4番というふうに偶数の子を動かしていきます。並び終わったら、隣の子の名前を覚えさせます。お互いに名前を言って握手をさせます。隣の子の名前がわかったら、今度は、自分の前の子の名前を覚えさせます。ここでも同じように握手をさせます。そこまでやったら、一度教室に戻ります。

「今度は、みんなだけで並べるかやってみましょう」

と言って、もう一度並びます。

たぶん、何回か練習を繰り返さないとできません。まだ名前もわからない友だちもいるので、すぐにできないのは仕方のないことです。ここで「しっかり覚えなさい」「まっすぐ並びなさい」などと叱ってはいけません。**教師が心にゆとりをもって「さっきより早くなったね」「ちょっと曲がっているかな」と子どもが萎縮しないような声かけをしていきます。**

並ぶ練習をするときには、帽子を目印にすると便利です。教師もまだ子どもの顔と名前が一致していないので、1人ずれるとわからなくなってしまうことがあります。右の列だけ帽子をかぶる、右の列だけ帽子を裏返して白帽にするなどの工夫をすると、間違っている子がいるときにすぐにわかります。

子どもたちが並ぶ練習に少し慣れて（飽きて）きたら、タイマーで時間を計ったりすると、子どもたちも必死になって並ぼうとします。

こういう練習をすると、リーダー性のある子、ちょっと手のかかる子など子どもたちの様子もわかってきます。リーダー性のある子は、隣の子やまわりの子に声をかけて並ばせようとしてくれます。たくさんほめて、いろいろな場面で活躍してもらいます。ちょっとしたときに、教師の代わりになってくれる子がいると助かります。

# 教室移動、廊下歩行の仕方

4月の生活科の学習で「学校探検」を行います。子どもたちと一緒に学校の中を歩き、どこに、どんな部屋があるのかを覚えます。

この学習の際に、「教室移動の仕方」「廊下歩行の仕方」についても指導します。

教室移動のときは、2列に並んで歩きます。入学式の移動で経験している座席順や出席番号順がわかりやすいでしょう。**列が乱れないように隣の子と手をつながせることも必要**です。手をつながせないと、少し移動するだけで列がバラバラになってしまいます。

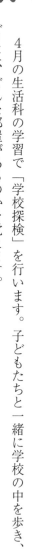

学校探検や教室移動のときに守らなければならないルールは、

**静かに歩く（おしゃべりをしない。足音を立てない）**

です。

「学校には、1年生だけでなく2年生から6年生までのお兄さん、お姉さんがいて、みんな真剣に勉強をしていること」「おしゃべりの声が聞こえたり、大きな足音が聞こえたりしたら勉強の邪魔になること」を話します。

子どもたちには、

**「忍者のように音を立てずに歩きましょう。お兄さん、お姉さんに見つからないように静かに歩くよ」**

と言うと、わかりやすくなります。

1年生は、すぐに大きい声を出したり、隣の子に話しかけたりします。一度の指導では、できるようになりません。「学校探検」をするときに、何度も繰り返し指導をしていきます。

「休み時間に廊下で遊ばない」ことも、しっかり教えておきます。はじめはおとなしかった子どもたちも、学校に慣れてくると、だんだん本来の姿を見せるようになります。休み時間に廊下で走り回る子が出てきます。廊下で走ることは、「まわりの人に迷惑になる」「危険である」ことを、真剣に話します。

また、なるべく早い時期に、緊急時（地震、津波、火事）の避難経路や避難場所も教えておきます。

# 発表の仕方、話の聞き方

授業がスタートしても、5月くらいまでは、1年生は文章を書くことができません。授業では、話すことが中心になります。国語の時間を使って「発表の仕方」と「話の聞き方」を教えます。

「発表の仕方」は、

- ・発表したいときは、天井に突き刺すように肘も指先も伸ばして、手をあげる。
- ・手をあげるときは、「はい」と一度だけ言う。
- ・指名されたら、「はい」と返事をして、立ち上がる。
- ・自分から一番遠くにいる友だちに聞こえる声で発表する。

を教えます。

1年生は、発表が大好きです。よく手をあげます。しかし、自分が指名されないと、文句を言ったり、ふてくされたりすることがあります。学校は集団生活ですから、自分だけが満足すればよいのではありません。発表したい人はたくさんいるので、**指名されなくても文句を言わないこと（我慢できるのも立派なこと）もしっかりと指導します。**

「話の聞き方」は、

- **話している人を見る。**
- **話している途中で、口をはさまない。**
- **上手に話せなくても、からかったり、バカにしたりしない。**

を教えます。

1年生は、人の話を聞くのが苦手です。友だちの発表を聞いていなかったり、発表の途中なのに口をはさんだりします。まずは、「発表をする友だちの方を見る」「最後までしっかり聞く」を繰り返し指導します。

「間違えてしまった子をからかったりしない」ことも大切な指導です。**学級経営が上手な先生のクラスには、「間違えても大丈夫」という温かさがあります。**

# 鉛筆の持ち方

ひらがなの指導を始める前に、「鉛筆の正しい持ち方」を教えます。

1年生は、文字を覚えたり、書いたりすることをとても楽しみにしています。入学前から文字に興味があり、鉛筆を持って文字を書いている子も多くいます。そんな子の中には、鉛筆をにぎってしまったり、親指と人差し指がくっついてしまったりと、間違った鉛筆の持ち方をしている子も少なくありません。一度、身についた持ち方を直すのはなかなか難しいことです。1年生のうちに、正しい鉛筆の持ち方ができるように、丁寧に指導していきます。

**鉛筆の持ち方の基本は、「親指と人差し指ではさむこと」「中指で支えること」**です。

鉛筆の正しい持ち方ができない子は、この2つができていないことが多いのです。

**鉛筆の持ち方指導の例（右利きの場合）**

・右手の親指と人差し指で輪をつくる。（OKマーク）

・左手で鉛筆を横向きに持つ。（右手の方に向けて）
・「鉛筆ロケット発射」と言って、右手の輪に向けて、鉛筆を近づけていく。
・鉛筆は、右手の親指と人差し指の間から、輪の中を通り手にぶつかるまで進む。
・鉛筆が手にぶつかったら、親指と人差し指ではさむ。
・鉛筆をくるりと回し、中指で支える。

鉛筆を正しく持つと、「きれいな（形のよい）字が書ける」などの効果も教えながら、鉛筆の持ち方の指導をします。

道具の使い方は、それに慣れることが大切です。慣れるためには繰り返しの練習が必要です。いくら学校で練習しても、家庭で間違った鉛筆の持ち方をしていたら、いつまで経っても正しい持ち方に慣れません。保護者会や学級通信で指導したことを紹介するなどして、保護者にも協力してもらいましょう。

鉛筆の持ち方の指導をしたら、「間違えたところを消しゴムできれいに消せるようにする」「ノートを使うときには下敷きを使う」も指導します。

# 体操着の着替え方

体育の時間には、体操着を着て運動を行います。週に3回は体操着への着替えがあることになります。

1年生には、1人で着脱できる習慣がまだ身についていない子もいます。4月のはじめに、体操着の着替え方を指導します。体操着への着替えは、次のように進めます。

1 体操着を体操着袋から出す。
2 服を脱いで、体操着を着る。
3 脱いだ洋服をたたむ。
4 たたんだ洋服を体操着袋にしまう。
5 体操着袋を荷物かけにかける。

順番を説明したら、実際に着替えを行います。服やズボンの前後を間違えてしまう子もいますので、丁寧に確認します。

しっかり着替えられたら、今度は体操着から元の服に着替える練習です。体操着に着替えるときと同じように進めます。着替えは、素早くできるようになりますが、**「服をたたんで、袋に入れる」の部分がなかなか上手になりません**。上手にできた子をお手本にして、みんなも真似をするように声をかけます。

着替えの練習をするときには、タイムを計ることもあります。「昨日は、全員着替え終わるのに3分30秒だったよ。今日は、もっと速くできるかな」と、声をかけるとみんな一生懸命がんばります。

体育の勉強がある日には、朝学校に来たら、体操着に着替えることを教えておくと、次回からは、自分から着替えをする子も出てきます。そんな子を見つけたら、ほめてあげます。だんだん自分たちで考えて、行動できるようになっていきます。

また、保護者にも呼びかけて、体育がある日には、着脱が楽にできる服装で登校させてもらいましょう。

学校によって、体操着袋の置き場所（荷物かけ、机の横、ランドセルの中など）は違うと思いますが、どこに置いておくかはしっかりと指導しておきます。

# 遊具の使い方

1年生は、遊具遊びが大好きです。休み時間に自由に遊ばせる前に、遊具の安全な使い方を指導します。

体育の授業の1回目は、「遊具遊び」を行います。校庭にある遊具を一つひとつまわり、実際にやりながら、正しい使い方（やってはいけないことも）を教えていきます。学校によっては、遊具の使い方のルールがしっかりと決められている場合もあるので、担任は確認しておく必要があります。

「滑り台」では、「上で待っているのは3人まで」とか、「滑っている人がいるのに下から登るのは危険だから、してはいけない」などを、その場で丁寧に説明します。

「ブランコ」は、子どもたちに人気の遊具です。安全そうに見えますが、子どもたちの様子を見ていると、危ない遊び方をしている子もいます。「ブランコをやっている人に近づきすぎない」「ふざけて手を離したりしない」などを、教えます。

1年生ですから、1回の説明だけで正しい遊び方は身につきません。繰り返し指導することが必要です。そのために、次の2つを行います。

## 長い休み時間には、子どもと一緒に外に出る。

子どもと一緒に遊具で遊んだり、子どもたちの近くで観察したりして、正しい使い方ができているか確認します。できていなかったら、その場で指導します。

## 体育の時間に、サーキットトレーニングをさせる。

準備運動が終わったら、「ジャングルジム」「登り棒」「雲梯」「肋木」「タイヤ跳び」などのメニューが入ったサーキットトレーニングをします。たくさん遊具を触る機会をつくり、遊具の使い方に慣れさせていきます。

**担任が一緒にいないときにけがをしてしまったら、どうするかも教えておきます。**「友だちが怪我をしてしまったら、保健室に連れて行く」「一番近くにいる先生に助けてもらう」などを保健室や職員室の場所を教えながら、話します。

# 休み時間の過ごし方

休み時間には、長い休み時間（業間休み、昼休み）と短い休み時間があります。子どもたちにはわからないので、違いを教えてあげることが必要です。

短い休み時間は、

**外に遊びに行く時間ではなく、次の勉強のために少し休けいする時間**

外に遊びに行くと、次の勉強に間に合わないので、教室の中で、「お絵かき」「読書」「友だちとおしゃべり」などをして過ごすとよいことを教えます。

長い休み時間は、

**外でたっぷり遊べる時間**

子どもたちは、外に出て遊んでいると時間を忘れてしまいます。チャイムが鳴ったら、急いで教室に戻ってくることを確認してから、外に出すようにします。

それぞれの休み時間に共通することは、

・トイレに行かせること。
・次の学習の準備をすること。

です。トイレに行かせることは重要です。1年生のはじめは、安心させるために「授業中にトイレに行きたくなったら、先生に言ってね」とは話しますが、いつまでも授業中にトイレに行く子がたくさんいては困ります。休み時間に行く習慣をつけていきます。

次の学習の準備をすることは、本格的な授業が始まったら、教えていきます。はじめは、**「国語の教科書とノートを出したら休み時間にするよ」などと、全員が準備ができたことを確認してから、休み時間を始めるようにしていきます。**

こうして、授業時間と休み時間のけじめをつけられるようにしていきます。

# 給食の準備

給食指導は、小1担任の仕事の中でも、はじめの難関です。

1年生はいろいろなことに時間がかかります。給食の準備から片づけまでを時間内に終わらせることはとても大変です。**しばらくは、4時間目の授業を早めに終わり、準備を始めます。**子どもたちが給食の準備に慣れてきたら、少しずつ時間を短くしていくようにします。

「いつ」「何をするか」の基本をしっかりと指導することが、時間短縮につながります。

## ❶準備の指導

給食セット（ふきん、コップ、箸、スプーン、フォーク、マスクなど）を出したら、机の上に準備します。どこに何を置くのかがよくわかるように写真や絵を準備しておくと便利です。はじめは写真を見ながらやっていた子も、3日もすれば自分で机の上の準備ができるようになります。

給食の配膳を始める前に確認しておくことがあります。**机と机の間の通り道**です。

1年生は、よくものを落とします。机の下に上着が落ちていることがあります。給食をもらった子どもが通るときに、すべって転んだりしないように危ないものがないか確認しておきます。どちらからどちら（一方通行）に進むのか等の指導も忘れないようにします。

## ❷給食の受け取り方の指導

トレーが傾いてしまい、のっている給食を落としてしまうことがあります。トレーの両端を両手で持ち、傾かないように真ん中を持つことをしっかり教えておく必要があります。

**トレーに給食をのせる給食当番にも、どこにのせるのかを教えてから配膳を開始します。**

## ❸食べるときの指導

給食の時間には、集団生活の基本として正しいマナーも身につけさせます。

給食ではいろいろなメニューの食事が出てきます。箸、スプーン、皿の正しい持ち方を教えていきます。スプーンを上から握ったり、深い皿に親指を入れて持ったりする子がいます。食事をしながら観察して、正しい持ち方に直させていきます。正しい持ち方の絵を掲示しておくと、指導をするときに役立ちます。

マナーを守ることで、みんなが気持ちよく食事ができることを教えます。「大きな声で話したり」「席を離れたり」することが、なぜいけないのか考えさせながら指導していきます。

「おかわりするとき」「残してしまったとき」どうするのかも、しっかりとルールを決めておかないと、トラブルの原因になります。学校や学年の考え方によって、いろいろなやり方があると思います。それに合わせてルールを決めて、きちんと子どもたちに教えましょう。

例えば、次のようなことを始めから決めておきます。

- 全部食べ終わってから、おかわりをする。
- 同じものを何度もおかわりしない。
- 数が決まっているものは、じゃんけんで決める。

給食に慣れてきたら、**「いただきます」の後、食べる前に自分で食べる量を調節できる**

**ようにしていきます**。その際、**嫌いなものを全部戻す子がいないように、「半分まで減らしてよい」などと決めておくことも必要**です。自分で食べられる量を判断できるようにすることはとても大切です。

## ❹片づけの指導

配膳と同じくらい時間がかかるのが後片づけです。きまりをしっかりと教え、上手に早く片づけができるようにします。

地域や学校によって、いろいろなきまりがあると思います。「残したご飯やおかずはどの食缶に戻すのか」「お皿やお椀はどうするのか」「給食で出たゴミはどうするのか」など、細かく教えていく必要があります。はじめの1か月は、同じことでも毎日繰り返し指導していきます。

個人差があるので、小食の子や食べるのが遅い子、好き嫌いが多い子など、どうしても給食を残してしまう子が出てきます。**「あとひと口がんばろう」「昨日より、たくさん食べてね」など、無理をしない程度に声かけをします**。

そして、残してしまったときにどうすればよいのかをしっかり教えます。何日か様子を見ていると、給食を残す子がわかってきます。最初から量を少なめにして、完食できるように配慮していきます。

### ❺給食当番への指導

給食当番の仕事は、全員にすべての仕事を経験させましょう。クラスをAグループ、Bグループに分けて、1週間交替で行います。1年経つと、ひと回りして全員がどの仕事も経験することになります。

給食当番の身支度は、「白衣」「帽子」「マスク」「消毒」などの確認の合い言葉を決めて、子ども自身が確認できるようにしておくと準備が早くなります。徐々に子どもだけでできるように指導していきます。

給食当番の仕事が終わり、白衣を片づけていると、「白衣を入れる袋がない」ということがよく起こります。白衣を着るときに、「白衣のポケットに入れておく」「白衣をかけるフックにかけておく」などを決めて、徹底しておくことが大事です。

幼稚園で多少の経験がある子もいますが、30人以上の給食を上手に分けるのは1年生には、とても難しいことです。

ご飯やおかずなどの量は、教師が見本になる量をつくって教えます。給食当番は、見本を見ながらお皿に分けていきます。

とても小食の子もいるので、量は少なめに分けます（全体の４分の１くらい残る程度が目安）。配膳が終わってから、増やしたい子には教師が分けてあげます。最後におかわりをする子もいるので、これで完食に近づきます。

ご飯やおかずを配るのは、１年生には難しいものです。特に熱いおかずは火傷などの心配もあります。はじめは教師が主になって配り、子どもには少しずつやらせていきます。慣れてきたら、子どもに任せて、教師は補助にまわります。

はじめから全部子どもたちにやらせるのではなく、できることを見きわめて徐々に任せていくことが大切です。

# 第4章
# 入学式から1か月の仕事

# 日直のシステム

入学式から1か月の間で、担任がやっていた仕事（日直の仕事、係の仕事など）を少しずつ子どもたちにやらせるようにしていきます。

最初の日直は、出席番号順に2人ずつ行います。

はじめから1人でやらせると、人前で話すことが苦手な子が学校に来ることを嫌がることがあります。

そこで、**2人組で相談しながらできるようにしていき、1年生後半くらいから1人でできるようにします**。

日直の仕事は、学級によって違いはあるでしょうが、

- 朝の会の司会
- 授業のはじめとおわりのあいさつ
- 給食のいただきます、ごちそうさま

などが考えられます。

## ・帰りの会の司会

日直の仕事を教えるときには、まず教師が見本を見せます。1日を通して、日直の仕事がある場面では、

「ここで日直が前に出てきます」

「勉強を始めるあいさつをします」

「みんなが座ったら自分の席に戻ります」

と見本を見せながら、説明します。**「いつ」「どこで」「何をするか」をしっかりと教える**のです。

次の日には、子どもたちにもやらせてみます。

1年生は、どんなことでもやりたがるので、「だれがやってみる?」と聞けば、必ずたくさんの子が立候補します。

順番でいろいろな子にやらせてみます。教師が見本を見せて、同じようにやらせます。

これを1週間くらい続け、覚えさせていきます。その後は、順番で日直の仕事をさせていきます。

**「やってみせる」→「一緒にやる」→「自分でやらせる」**の繰り返しです。

まだ字が読めない子もいますが、仕事の順番や話すことをカードに書き出したり、掲示したりして、わからなくなっても困らないようにしておきます。

**授業の始まり**

・前に出てくる。
・日直「立ってください。気をつけ」
・日直「○時間目の勉強を始めます。お願いします」
・みんな「おねがいします」
・日直「座ってください」
・自分の席に戻る。

**給食のいただきます**

・給食当番の着替えが終わったら、前に出てくる。
・日直「手を合わせましょう。おいしい給食、いただきます」
・みんな「いただきます」
・自分の席に戻る。

**給食のごちそうさま**

・12時50分になったら、前に出てくる。
・日直「手を合わせましょう。ごちそうさまでした」
・みんな「ごちそうさまでした」
・自分の席に戻って、片づけを始める。

# 朝の会、帰りの会のシステム

日直が上手に朝の会を進められるようにするためにも、朝の会の内容はシンプルにした方がよいでしょう。

また、朝の会の時間にいろいろなことをやろうとすると、どうしても時間が足りなくなり、1時間目の授業に食い込んでしまうのも心配です。

**内容はシンプルにし、「あいさつ」「健康観察」「歌」「先生の話」をてきぱきと進め、1時間目の授業に食い込まないように注意します。**

1年生には、日直用に朝の会の進め方や言葉を書いたシナリオを準備します。日直になった子は、それを見ながら朝の会を進めます。

次ページの例のように、「たってください」「あさのあいさつをしましょう。おはようございます」などと話し言葉で書いておくと、だれが日直になっても無駄な時間がかかりません。人の前で話すのが苦手な子も自信をもって進めることができます。

あさのかいの　すすめかた

１　たってください。
きをつけ。
あさのかいをはじめましょう。

２　げんきに　あさのあいさつを　します。
おはようございます。
すわってください。

３　けんこうかんさつです。ほけんがかりさん、おねがいします。

４　あさのうたです。おんがくがかりさん、おねがいします。

５　せんせいの　はなしです。

かえりのかいの　すすめかた

1　たってください。
きをつけ。
かえりのかいをはじめましょう。
すわってください。

2　かかりの　しごとを　しましょう。

3　せんせいの　はなしです。

4　たってください。らんどせるをせおって、にもつをもちましょう。
わすれものは、ありませんか。
きをつけ。
かえりの　あいさつを　します。さようなら。

子どもたちが朝の会、帰りの会の進め方に慣れてきたら、少しずつメニューをつけ足していきます。

学級の子どもたちに「話す力をつけたい」と思ったら、「スピーチタイム」の時間を入れたり、「読書好きにしたい」と思ったら、「先生の読み聞かせタイム」をつくったりします。

比較的自由に使える時間なので、担任の思いや願いが朝の会、帰りの会のメニューに表れます。

# 係活動のシステム

子どもたちが学校生活に少しずつ慣れてくる、**5月の連休明けくらいから係活動をスタートさせます。**

1人1役で自分の仕事を受け持つと、それぞれがクラスの中に自分の居場所をつくることができます。一人ひとりのがんばりを認めるような声かけをし、子どもたちのやる気を引き出す係活動にしていきます。

1年生は、係活動の経験がありません。ですから、他の学年のように子どもたちに係の仕事を考えさせることはできません。教師主導で、子どもたちにできそうな仕事を任せていきます。

1年生は、お手伝いが大好きです。教師が、

「このノートを配ってくれる人？」

「本を整頓してくれる人？」

などと投げかければ、ほとんどの子が喜んで仕事をしてくれます。

こうして、学級に必要な仕事を少しずつ子どもたちに割り振っていきます。

はじめからクラス全員に仕事を割り振る必要はありません。徐々に仕事を増やしていきます。「窓を開ける、閉める」「黒板をきれいにする」「プリントを分ける」などの簡単な仕事から始めていきます。**6月くらいから全員が係の仕事をするくらいの気持ちで進めていくとよいでしょう。**

本格的な係活動を始めるときには、**「毎日必ず仕事がある」ことが重要**です。体育がある日だけ仕事をする体育係ではなく、「毎日クラスのボールをきれいに拭く」など、毎日できる仕事もつくってあげます。

やる仕事が決まったら、係の名前をつけます。

子どもが考えても教師が考えてもいいのですが、やることがわかりやすいネーミングにしたいところです。

例えば、「窓係」よりも「窓を開ける係」、「黒板係」よりも「黒板をきれいにする係」などの方が、自分のやることがはっきりわかります。

以下は、ネーミングの例です。

・窓を開ける係
・黒板消しをきれいにする係
・プリントを配る係
・歌の準備をする係
・ぞうきんを整頓する係
・ネームプレートをそろえる係
・黒板をきれいにする係
・窓を閉める係
・ノートを分ける係
・健康観察をする係
・まっすぐ並ばせる係
・水道の蛇口をそろえる係
・ファイルを整頓する係
・本を整頓する係

1年生は、言葉で説明してもわからないことがたくさんあります。係の仕事も教師が一緒にやることが大事です。一緒に仕事をしながら、子どもだけでできることを増やしていきます。

「窓を開ける」係には、「窓のカギの開け方」「どこまで開けるのか」をやりながら説明します。そして、自分でやらせてみます。上手にできたら大いにほめ、

「明日からやってみてね」

と声をかけます。

**もし次の日に忘れていても、叱ったりせず、また一緒にやります**。根気強く取り組んでいきましょう。

仕事内容によって、「朝」「休み時間」「帰り」など仕事をする時間が違います。そこで、**帰りの会の中に「係の仕事の時間」をつくります**。全員が3分間くらい仕事をします。帰りの会でやる仕事がない係には、特別な仕事を与えます（例えば、「健康観察をする係」は、トイレットペーパーがなくなっていないか見てくる、など）。この時間をつくることで、全員が必ず毎日学級のために仕事をすることになります。

# 掃除のシステム

1年生の掃除分担場所は、「教室」「廊下」「靴箱」が考えられます。他の学年に比べて分担場所が少ないので、大勢で教室の掃除をすることができます。3月までに全員がどの場所でもきちんと掃除ができるようにして、2年生に進級させるように指導をしていきます。教師は、各掃除場所を見て回ることもしますが、**基本的には、子どもたちと一緒に掃除をします**。お手本になりながら、見届けるのです。

いきなり掃除を始めることはできないので、はじめは、1時間使って「掃除道具の使い方」を教えます。

1年生は、ぞうきんを絞ったり、ほうきで床を掃いたりした経験がほとんどありません。そこで、まずはぞうきん、ほうきの使い方を指導します。

**❶ぞうきんの絞り方の指導**

正しい絞り方をしっかり教えないと、ほとんどの子がぞうきんをお団子のように丸めて絞ろうとします。子どもは握力も弱いので、ぞうきんは、びしょびしょです。そして、教室の床もびしょびしょになってしまいます。

**横絞り**

・ぞうきんが細長くなるように、たたませます。
・ぞうきんを横長の形にして、両手で持ちます。
・右手と左手を逆向きにねじります。

**縦絞り**

・ぞうきんが細長くなるように、たたませます。
・ぞうきんを縦長にして、右手を上、左手を下にして（剣道で竹刀を持つときのように）持ちます。
・手首を内側に絞り込むようにねじります。

どちらのやり方でもよいので、練習して上手に絞れるようにしていきます。縦絞りの方が力が入りやすいので、しっかり絞ることができます。

## ❷ほうきの使い方の指導

まずは、ほうきには向きがあることを教えます。逆向きに持つと、床とほうきが接する部分が少なくなって、上手に掃くことができません。

・ほうきを体の前に出して、体の近くに持って来ます。
・足元を見て、床をなでるように横に動かします。
・力を入れて押しつけたり、大きく振り回したりしません。

ちりとりや小ぼうきの使い方も、時間をつくって教えていきます。

## ❸掃除時間の流れの指導

掃除道具の使い方を教えたら、掃除時間の仕事の進め方を教えます。掃除の時間は、15分くらいです。はじめて教室の掃除をする1年生では、最後まで終わらせることはできません。しばらくは教室の半分だけ掃除（今日は教室の前半分、明日は教室の後ろ半分）をして、慣れさせていきます。

## 掃除の進め方の例

### 教室の床

・ぞうきんを準備する。
・横に並び、自分の分担場所を確認する。
・ほうきの仕事が終わったら、教室の前を拭く。（三往復）
・2人組で机を教室の前に運ぶ。
・ほうきの仕事が終わったら、教室の後ろを拭く。（三往復）
・2人組で机を元の場所に運ぶ。
・ぞうきんを片づける。

### 教室のほうき

・ほうきを準備する。
・4人組で1列に並び、教室の前から真ん中まで掃く。
・2人組で机を運ぶ。
・4人組で1列に並び、教室の真ん中から後ろまで掃く。
・ごみを1か所に集めてちりとりでとる。
・ごみ箱の下のごみを、ちりとりでとる。
・ほうきを片づける。

# 宿題（家庭学習）のシステム

入学したばかりの1年生は、「宿題は何？」とよく聞いてきます。兄弟が家で宿題をやっているのを見て、あこがれているようです。

宿題は、学力を定着させることが主な目的ですが、**1年生にとっての宿題は、家庭での学習習慣をつけることも大切な目的**です。

宿題は、10分程度で終わる量を目安にします。ひらがなの学習が終わるまでは、音読や計算カードの練習を宿題にします。簡単にできますが、毎日の積み重ねによって力がついていくものです。学習習慣をつけるのにはちょうどいい宿題になります。忙しい保護者も音読や計算カードの練習なら、家事をしながら聞くことができます。また、宿題を出すことで、親子の学校生活にかかわる会話を生み出すことができるのもよいところです。

音読カードには、「おうちの人から」「先生から」の欄をつくります。保護者の中には、仕事が忙しく「おうちの人から」の欄に言葉を書くのが大変な方もいます。担任もすべての子どもの音読カードに毎日言葉を書くのはとても大変です。お互いの負担にならないよ

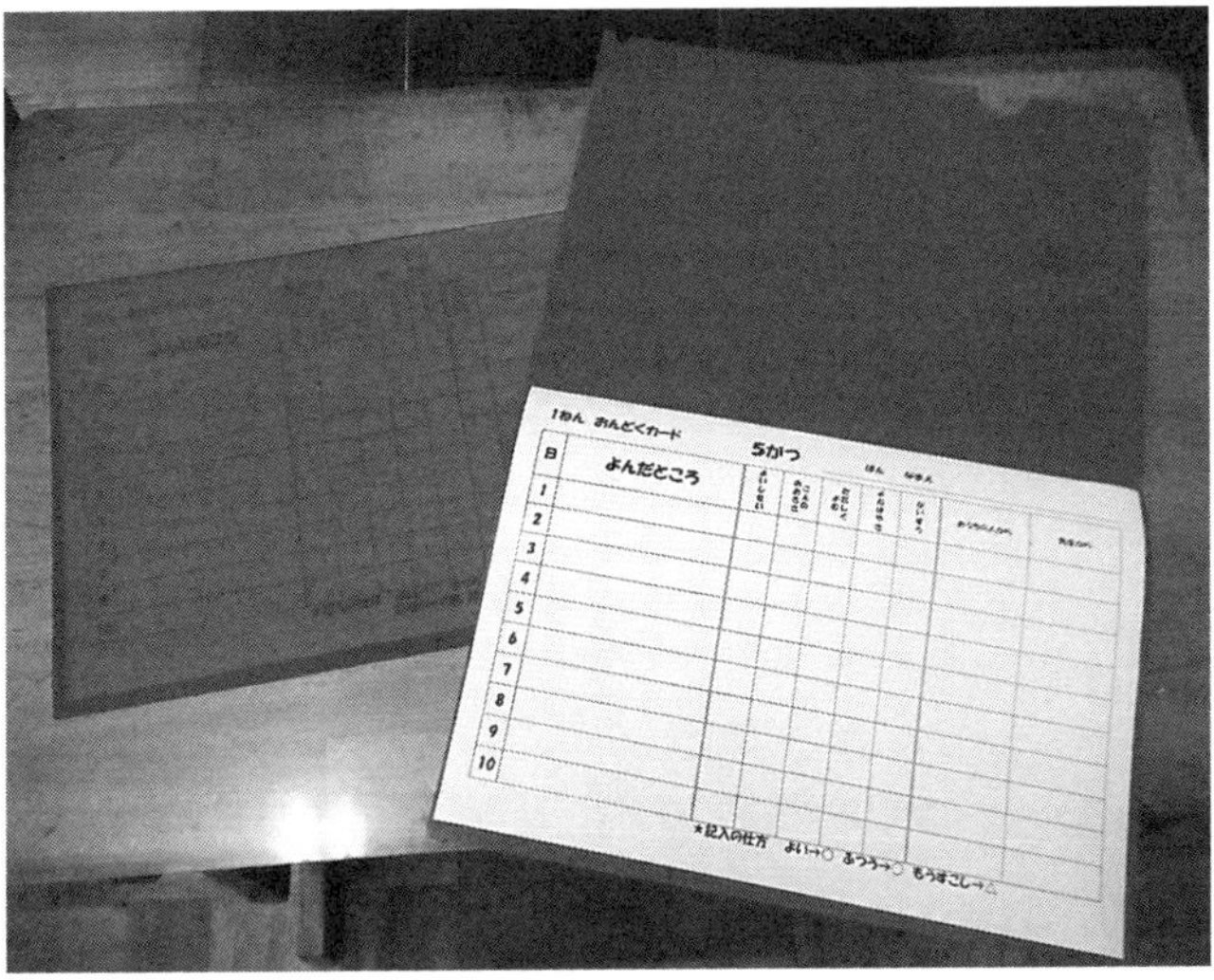


う、無理をしないようにします。保護者会やお便りで印やサインだけでもよいので、しっかりと見届けをしてもらうように話をしておきます。担任も普段は印で済ませ、**週に一度くらい学校での子どもの様子を書いてお知らせするようにします。**

以前は、ボール紙に音読カードを貼って使っていたのですが、紙が破れてしまうことが多く、交換するのが大変でした。最近は、クリアホルダーを使用しています。クリアホルダーの下の部分をカッターで切り、開くことができるようにします。その中に音読カードを両面テープで貼りつけます。ボール紙よりも丈夫で中の紙がきれいに使えるので、とても便利です。

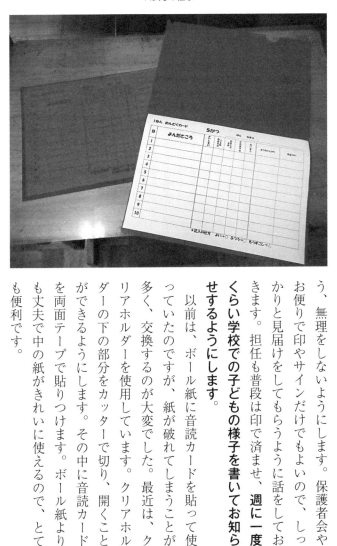

ひらがなの学習が終わったら、宿題も少しレベルアップします。音読以外の宿題を出します。絵日記やドリルが一般的だと思いますが、私の場合は、音読以外に自作のプリントを宿題として出しています。

家庭学習の目的である「学習習慣をつける」「反復練習による基礎基本の定着」を楽しく身につけられる内容にしています。

B4版のプリント1枚に、以下の内容が入るようにしています。

①ひらがな、カタカナ、漢字の練習
②計算の練習（計算以外の算数の内容の場合もある）
③その他

①②は、反復練習が必要なものなので、原則として毎日入れるようにしています。③には、「日記」「視写」「クロスワード」「しりとり」「言葉の階段」「迷路」など、子どもが飽きないように、いろいろな内容のものを入れるようにしています。

毎日プリントを用意するのは少し大変ですが、**ひな型をつくって、中身を少しずつ変え**

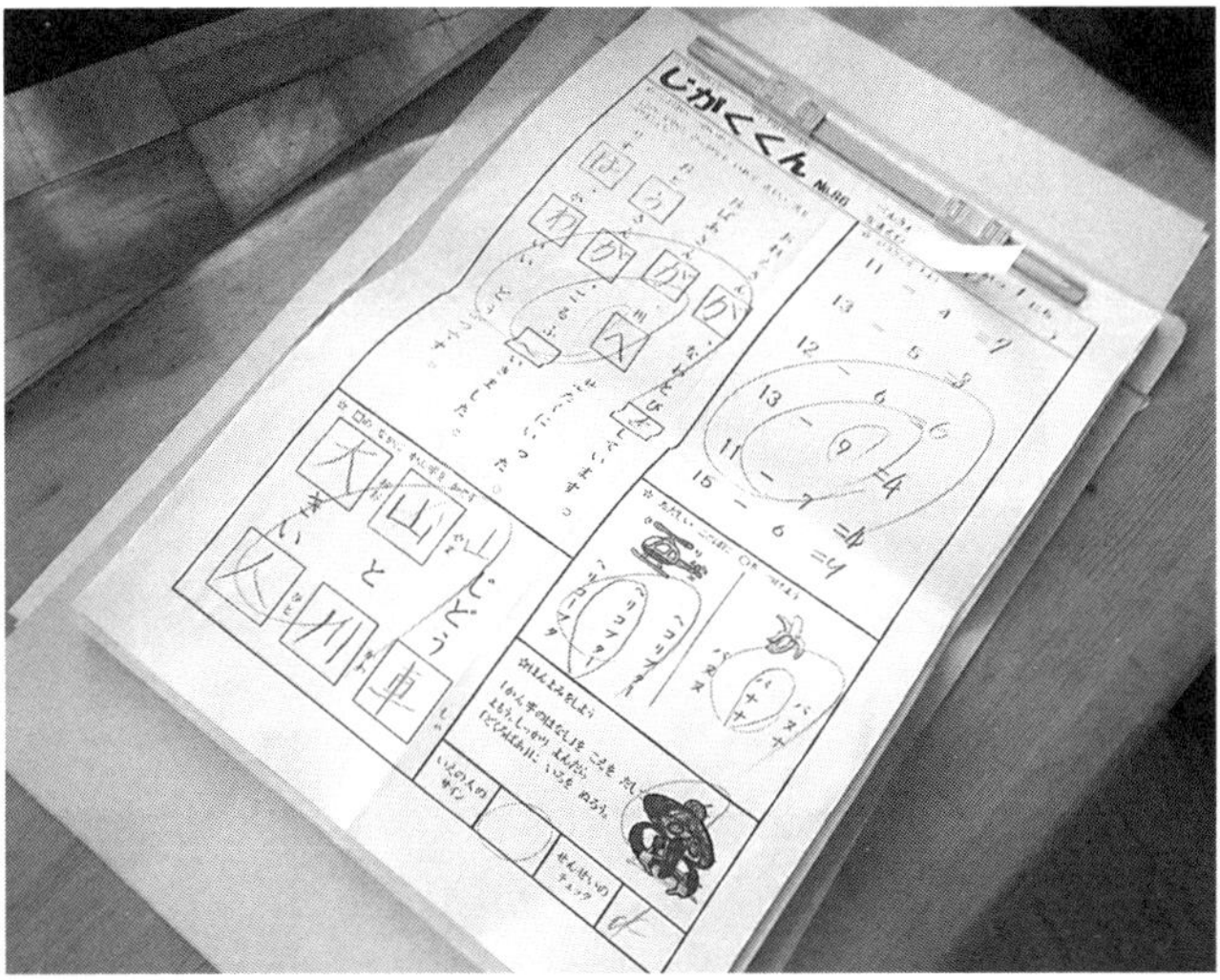

**れば大きな負担にはなりません。**

毎日プリント1枚というのがわかりやすく、保護者が「今日の宿題は何?」と、心配することもありません。

また、○つけをしていると、学習内容の定着が悪いところ(漢字、計算)がよくわかり、指導に役立ちます。間違いが多い問題は、何度も繰り返し出して、確実に学習内容が定着するようにします。

終わったプリントは個人ファイルに綴じていきます。プリントが30枚、50枚、100枚とたまっていくと、ファイルも厚くなり、自分自身の日々のがんばりがよくわかります。

# 教室環境の整備

教室環境で大切にしたいことは、**整理整頓**です。

4月のはじめに子どもたちに教えたランドセルのしまい方（ロッカーの使い方）が乱れていないか確認します。少しの乱れをそのままにすると、どんどん乱雑になっていきます。気をつけて定期的にチェックしていきましょう。

発育測定が終わったら、席替えを行います。

**1回目の席替えは、背の順を基本にします。**発達障害のある子など配慮が必要な子がいる場合は、新しい座席も落ち着いて生活できそうな場所にします。

入学式前に一番低い高さに合わせていた机、椅子も、子どもの身長に合った高さに調節します。これをしっかりやらないと、正しい姿勢で座ることができません。

教室掲示も少しずつ変えていきます。

以前は、学級目標をつくって教室前面に大きく掲示していましたが、最近は、**ユニバーサルデザインの考え方から、教室前面は必要最小限のものだけ掲示するようになっていま**

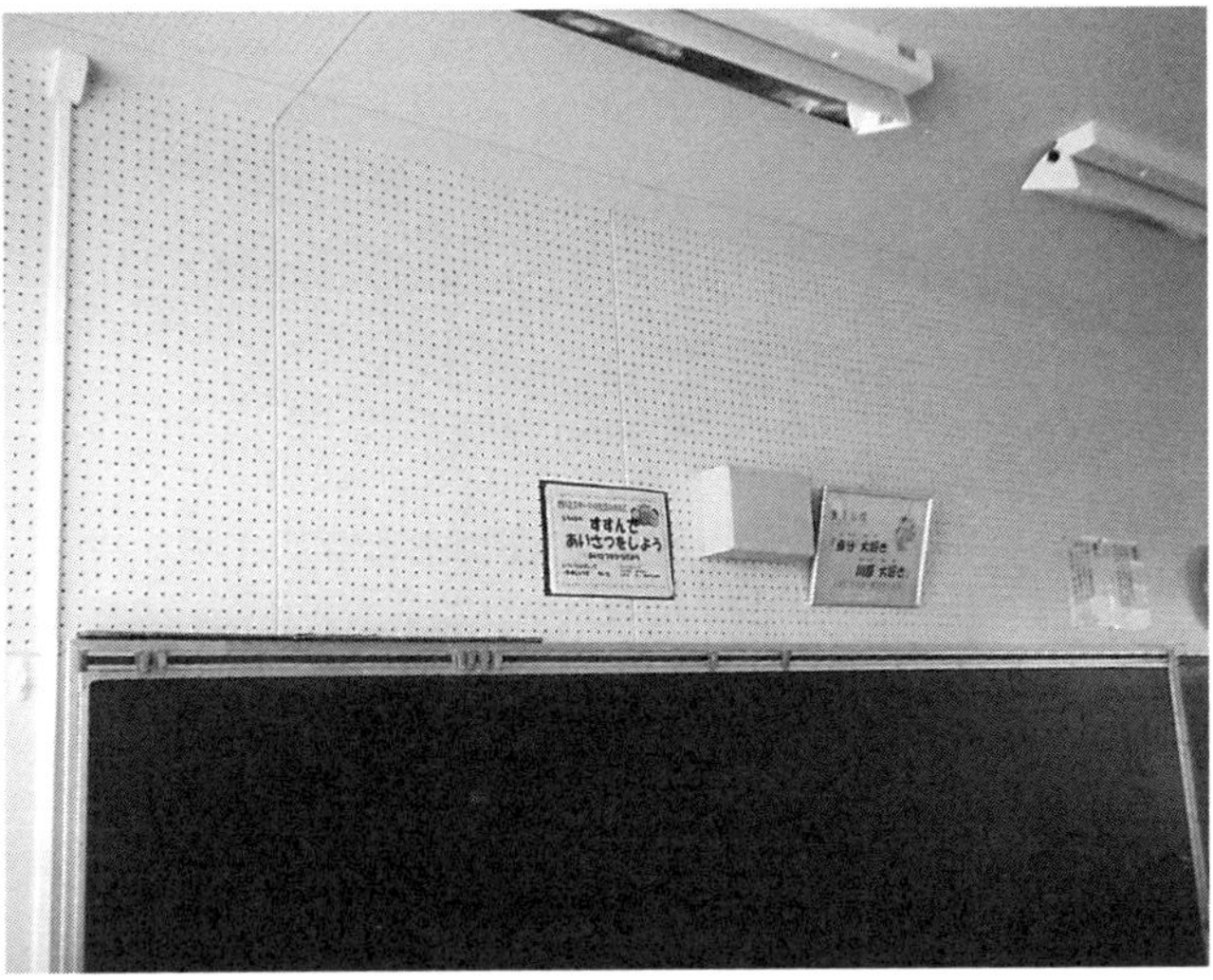


す。

1年生はあまり集中力がありません。気になるものを見つけると、すぐに意識がそちらにいってしまいます。

子どもが集中して学習に取り組めるように、教室の前面は、すっきりとした掲示を心がけます。

子どもの日、運動会、七夕、クリスマスなどのイベントがあるときは、みんなでふさわしい掲示物をつくり、イベントを盛り上げます。ただし、終わったら、すぐにすっきりした掲示に戻します。メリハリがある方がイベントも盛り上がります。

図工の作品や、生活科のプリントなどの掲示物は、教室側面や背面、廊下などの場所を

使って掲示するようにします。教室全体のレイアウトを考え、「絵日記」は廊下、「観察カード」は背面黒板、「図工の絵画」は背面と側面…などと決めていきます。

生活科で書いた「朝顔の観察記録」などは、**クリアファイルに入れて掲示します。**新しいプリントは、どんどん重ねて入れていけばよいので、掲示が短時間でできます。また、出し入れが楽なので、以前書いたプリントと比べることもすぐにできます。プリントが破れたりしないことも、クリアファイルのよいところです。

雨の日に、子どもたちが廊下を走り回らないように「室内遊びの道具」のコーナーをつくっておくと便利です。

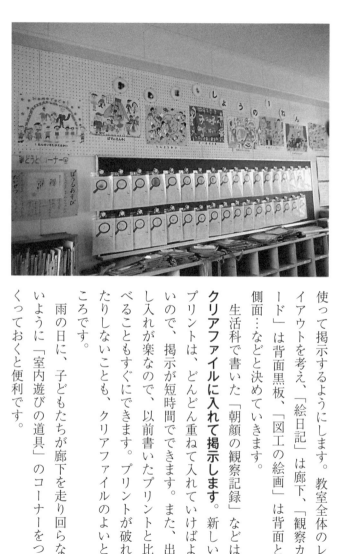

「トランプ」「けん玉」「お手玉」「すごろく」などを置いておくと、雨の日も室内で楽しく過ごせます。

# 学級通信の発行

1年生は、計画帳が書けるようになる6月中旬くらいまで、1週間に1度くらい学年通信を出します。他の学年は、月に1度くらいなので、かなり多く出すことになります。しかし、学年通信は「行事予定」などの連絡事項が主な内容で、読み物としてはあまりおもしろくありません。

1年生の保護者は、学校での子どもの様子をたくさん知りたいと思っています。保護者会の出席率が高いのもそのためでしょう。幼稚園や保育園と違い、小学校の教師は、保護者と接する機会が多くありません。はじめて子どもが小学校に入った保護者は、わからないこともあり、心配なことが多いものです。家に帰ってから学校での様子をたくさん話す子ばかりではありません。親が聞いても、あまり話をしなかったり、上手に伝えられない子もいたりします。

そこで、有効なのが「学級通信」です。「毎日の仕事が忙しく、とても学級通信まで出すことはできない」という事情はよくわかりますが、学級通信は、できるだけ出すようにしたいもので、**毎日は無理でも、週に一度、月に二度など定期的に出したいところです。**

私の場合は、A4判1枚にまとめ、毎日出すようにしてきました。

若いころは、毎日学級通信を出す先輩を見て、「すごいなぁ。でも、自分には無理だなぁ」と思っていました。当時は、年間100枚出すのがやっとでした。でも、思い切って1年間、毎日学級通信を出すことに挑戦してみると、意外と苦労せずできてしまいました。**1年生担任の場合は、保護者に知らせたいことがたくさんある**のです。また、日々の生活の中で、「何か学級通信に使えるネタはないかな」と考えるようになり、子どもの様子などでも今まで以上によく見るようになりました。

学級通信には、主にこんなことを載せていきます。

- 学校での子どもの様子（行事、授業、休み時間など）
- 授業内容の紹介
- 担任の願いや指導方針
- 来週の予定（金曜日に伝える）

「連絡」や「お願い」ばかりでは、読んでもおもしろくありません。保護者にはわからない子どもたちの学校での様子（授業中にこんなことがあった、休み時間にはこんな遊びをしている、など）を書くようにすると、興味をもって読んでくれるようになります。

週末に「来週の予定」を入れるのは、なるべく急な持ち物を出さないためです。あらかじめ子どもに伝えておいても、保護者に伝わっていないことがあります。前日に急に言われても家にないものもあります。そんなことが起きないように、**わかっている持ち物はなるべく早くお知らせするようにします。**

学級通信を読んだ保護者が「学校ではこんなことをしているのね」「算数は、こうやって教えるのか」「こんなによく子どものことを見てくれているんだ」と思ってくれれば、学校や教師のアピールにもなります。

その他に、「子どもの作品（図工、生活科、書写）」「学級内の連絡（緊急の持ち物）」「子どもの誕生日」を載せることがあります。**子どもの作品や写真などを載せるときには、保護者の了解をとっておく必要があるので、注意が必要です。**４月に趣旨を説明して、学級通信への掲載許可をとっておくとよいでしょう。

# 第4章
# 入学式から
# 1か月の仕事

学級通信　　H29．4．11（火）

**Wonderland**
ワンダーランド　　No. 3

## ランドセルのしまい方

▷　小学校生活２日目。１年生も他の学年のお兄さん、お姉さんと元気に登校しました。

▷　靴箱に靴をしまい、教室に行く。ここまでは、入学式の日に経験しているのでできました。しかし、ここからは、何をすればいいのか分かりません。学校生活の学習のスタートです。

▷　朝、教室に入ってからの流れを教えました。

①ランドセルの中身を出して、お道具箱の中にしまう。お道具箱は、左が小さい方（箱）、右が大きい方（ふた）。左の箱の中は、持って帰らないものを入れる。（パスティック、クレヨン、ラッションペン、のり、カスタネット、自由帳など）右の箱の中は、持って帰るものを入れる。（教科書、ノート、下敷き、連絡袋、筆箱など）

②ランドセルが空になったら、留め金をしっかりして、ロッカーにしまう。上側（つるつるの方）が見えるようにする。ランドセルの肩ひもやホイッスルなどがはみださないように気をつける。

③連絡袋から連絡帳を出し、先生の机の箱に入れる。

④ここまでできたら、朝の会まで自由時間。

▷　入学したばかりの１年生は、分からないことがいっぱいです。これから、毎日の繰り返しでいろいろなことができるようにしていきます。

▷　その他にも、以下のようなことを教えました。

・持ち帰る手紙の折り方（何の手紙か分かるように字を外側にして折る。）
・靴箱の使い方（かかとを手前にしてそろえる）
・ブランコで遊ぶ時の注意（ブランコで遊んでいる友達に近寄らない。数が少ないから順番で交替する。）

### お礼、お願い

①　明日１２日（水）は、発育測定があります。女の子で髪の毛を縛っている子は、頭頂部ではしばらないようにして下さい。身長を測る時にじゃまになってしまいます。

②　学校からの配布物は、連絡袋に入れて持ち帰ります。この学級便りも含めていろいろなプリントがあります。毎日確認して下さい。家に帰ったら、プリントを家の人に出すことは、子どもたちにも話しました。

③　明日から、いよいよ給食が始まります。給食セットを忘れないように気をつけてください。

学級通信　　H29．4．13（木）

**Wonderland**
ワンダーランド　　No. 5

## 給食がはじまりました

▷　昨日から給食がスタートしました。１年生の担任にとって、まず最初の関門がこの給食指導です。

▷　「食べる」ことは、特に心配していませんが、「配膳」が大変です。当面、なるべく教師も一緒に分けることにしますが、少しずつ子ども達だけでできるようにしていきます。

▷　初日は、給食当番の子の分け方、子どもたちのもらい方はうまくできていました。こぼしたりする子はいませんでした。（時間はたっぷりかかりますが…）

▷　「いただきます」のあいさつをして、子ども達の様子を観察していましたが、みんな思ったよりもよく食べました。うれしいことです。（来週の木曜日は、給食参観の予定です。お楽しみに。担任が苦労している様子を見に来て下さい。）

▷　給食当番は学級を２つのグループに分けて行います。１週間交替で行います（右表参照）ので、２週間に１度は金曜日に給食白衣を持ち帰ります。洗濯をして月曜日に忘れずに持たせて下さい。よろしくお願いします。

## 給食当番のグループ

| | 赤チーム<br>４／１２～<br>４／１４ | 青チーム<br>４／１７～<br>４／２１ | 赤チーム<br>４／２４～<br>４／２７ | 青チーム<br>５／２～<br>５／１２ |
|---|---|---|---|---|
| ①牛乳 | 出席番号1 | １９ | 2 | ２０ |
| ②牛乳 | 2 | ２０ | 3 | ２１ |
| ③パン、ご飯 | 3 | ２１ | 4 | ２２ |
| ④パン、ご飯 | 4 | ２２ | 5 | ２３ |
| ⑤大おかず | 5 | ２３ | 6 | ２４ |
| ⑥大おかず | 6 | ２４ | 7 | ２５ |
| ⑦小おかず | 7 | ２５ | 8 | ２６ |
| ⑧小おかず | 8 | ２６ | 9 | ２７ |
| ⑨ランチ皿 | 9 | ２７ | １０ | ２８ |
| ⑩ランチ皿 | １０ | ２８ | １１ | ２９ |
| ⑪おかず皿 | １１ | ２９ | １２ | ３０ |
| ⑫おかず皿 | １２ | ３０ | １３ | ３１ |
| ⑬おわん | １３ | ３１ | １４ | ３２ |
| ⑭おわん | １４ | ３２ | １５ | ３３ |
| ⑮配膳台 | １５ | ３３ | １６ | ３４ |
| ⑯配膳台 | １６ | ３４ | １７ | ３５ |
| ⑰配膳台 | １７ | ３５ | １８ | １９ |
| ⑱配膳台 | １８ | | 1 | |

☆⑬⑭は白衣を使いません。
☆２回目に回ってきた時は、仕事を１つずつずらしていきます。
１年間で全ての仕事を経験させて、上の学年に上がっても困らないようにします。

# 子どもの実態把握

入学から1か月も経つと、子どもたちもだいぶ小学生らしくなってきます。**学校生活にも少しずつ慣れ、だんだん本来の姿を見せるようになってきます。**

あまり話をしなかった子が担任に話しかけてくるようになったり、大人しかった子が休み時間に元気に外に出て遊ぶようになったりします。よいことばかりではありません。静かに担任の話を聞いていた子どもたちが手いたずらや隣の子とおしゃべりをして話を聞かなくなったり、4月に教えた学校のきまりが守れないようになったり、友だちとのトラブル（悪口、ケンカ等）も起こるようになります。

これからの指導に生かせるように、日々の生活の中で気づいたことを記録に残していきます。特に気をつけるのは以下の点です。

**生活の様子**

・整理整頓ができているか。（机やロッカーの中）

・休み時間に誰と一緒にいるか。何をして過ごしているか。
・忘れ物はないか。（家庭環境に問題はないか）
・「あいさつ」「返事」がしっかりとできているか。
・給食は残さず食べているか。準備や片づけができているか。

**学習の様子**

・落ち着いて話を聞くことができているか。
・大きな声で話すことができているか。
・形の整った字を書けるか。鉛筆は正しい持ち方をしているか。
・集中力はあるか。手いたずらや無駄話はないか。

ノートやパソコンに記録するまとまった時間はなかなかつくれません。**気づいたときにさっとメモして、時間ができたときにノートに貼ったり、書いたりしていきます**。そして、1か月に一度くらい記録を読み直すようにして、「来週はAくんとたくさん話をする」「算数の時間にBさん個別指導する」など、指導の計画を考えます。

# 保護者会

入学して1、2週間すると、1回目の保護者会が開かれます。1年生の保護者は、とても参加率が高く、保護者との信頼関係を築く大事な機会なので、担任も準備をしっかりして保護者会に臨みます。

子どもたちの学校での様子を話すときには、楽しく学校生活を送っている様子を具体的なエピソードを交えて話したいものです。そのためにも、ネタ探しはいつも意識しておきます。**写真、ビデオを活用して子どもたちの学校生活を紹介すると、保護者にも喜ばれます。**1回目の保護者会では大変かもしれませんが、年に一度くらいはやってみてもよいかもしれません。

学年で相談して、掲示物などは統一したものを飾るようにしましょう。徐々に学級の特色が出てくるものですが、1回目の保護者会では、学年でそろえてある方がよいと思います。隣のクラスと比べながら見ている保護者もいるものです。国語の学習で書いた「はじめて書いた自分の名前」や図工の学習でかいた「ぼくわたしの好きなもの」などを掲示すると、保護者も喜んで掲示物を見てくれます。

時間をつくってわざわざ参加してくださる保護者のためにも、**しっかり計画を立てておわりの時間は守るようにします**。特に1回目の保護者会は、PTAの役員を選出するので、ゆっくり話をする時間がとれません。プリントなどを用意し、大事なことを書き出しておきます。万が一、話す時間がなくなっても、「大事なことなので、読んでおいてください」と言って終わることができます。

1年生の保護者は、お互いのことを知らないことが多く、また、お互いを知る機会も少なかったりします。保護者会では、**保護者同士が交流できるような場もつくっていきます**。小グループになって、「最近の子どもの様子」「気になること」「家庭でのルール」「家庭学習の進め方」などを話す機会をつくります。少しでも話をすることで、保護者同士が親しくなります。

参加してよかったと思ってもらえるような保護者会になるように、毎回保護者が興味をもちそうな内容を考えます。アンケートをとって、「みんなで話し合いたいこと」「(担任に)こんな話を聞きたい」などの保護者会の希望を聞いておくのもよいでしょう。

# 家庭訪問

入学から1か月くらいの時期に家庭訪問を行う学校があります。家庭訪問では、子どもの家庭での様子を聞くようにします。

・友だちは近くにいますか？　よく遊びますか？
・家での様子（手伝い、勉強、習い事、生活パターンなど）は、どうですか？
・困っていること、学校生活で気をつけること（給食、運動、病気など）は、ありますか？

**事前に、学級通信で「こんなことを聞きます」と伝えておくと、短い時間でもたくさんの情報が得られます。**中には、家庭での子どもの様子をメモした紙を渡してくださる保護者もいます。

家庭訪問では、教師は聞き役になって保護者にたくさん話をしてもらいます。保護者は、

「しっかり先生の話を聞いているか」「友だちと仲良くしているか」など、学校での様子を知りたがります。家庭訪問の目的をしっかり伝えて、子どもの学校での様子は、次回の面談で話すことを理解してもらいます。

家庭訪問で保護者と話ができる時間は、10分～15分程度です。このとても短い時間のために、わざわざ仕事を休んで待っていてくれる保護者もいます。大きく遅刻することがないように気をつけましょう。最近は、表札を出していない家もあります。目の前まで来ていてもどの家かわからないことがあります。**事前に「表札がない場合は、お子さんの帽子を見える場所に出しておいてください」などと頼んでおくと、すぐに見つけることができ、無駄な時間を減らせます。**

ゆとりがあったら、子どもたちの通学路や遊んでいる公園などを見ておくことも大切です。生活科の授業で地域に出るときに役立ちます。

家庭訪問で得た情報や保護者と約束したことは、学校に戻ったらすぐに記録します。大変ですが、その日のうちにやっておかないと、忘れてしまうことがあります。うっかりミスで信頼を失わないように気をつけましょう。

# 運動会指導

運動会は、春（6月はじめ）に実施する学校と、秋（10月はじめ）に実施する学校があります。1年生にとって大変なのは、春に行う運動会です。学校生活に慣れてきたとはいえ、まだ入学して2か月しか経っていません。春の運動会の学校では、連休明けから練習を開始するので、実質1か月です。

運動会で、**1年生担任が一番苦労するのは、「並ばせる」こと**です。「まっすぐきれいに並ぶ」のも大変ですが、それ以上に大変なのが「並び方を覚える」ことです。運動会では、いろいろな並び方をするからです。

「開閉会式の並び方」「応援席の並び方」「徒競走の並び方」「団体演技の並び方」「応援合戦の並び方」などを、間違えずに並べるようにしなければなりません。いろいろな並び方をして、「隣のお友だちを覚えましょう」「だれの後ろか覚えましょう」と言っても、友だちの名前すら覚えていない子もいるので大変です。担任は、それぞれの並び方を書いたメモを常に持っている必要があります。出席番号順は頭の中に入ってるので大丈夫ですが、運動会のそれぞれの並び方までは覚えきれません。当然、並ぶ場所がわからなくなった子に、だれの横か聞いても答えられません。まわりの子に聞いてもわかりません。メモを見ながらその都度教えます。

**大切なことは、「こんなことはできて当たり前」と思わないこと**です。子どもたちが上手に並べなかったら、いろいろな手立てを考えます。

- **体育の時間以外にも、並ぶ練習をする。**
- **タイムを計って、速くなったか確かめる。**
- **隣のクラスと一緒に並んで、どちらが速いか競争する。**

団体演技でダンスなどをする場合、「どんな踊りをさせればよいのかわからない」という先生がいます。私も若いころは苦労しました。教育雑誌を見たり、先輩に教わったりして、一生懸命考えました。今は、インターネット上の動画サイトを見ると、いろいろなダンスが紹介されています。それを参考にして考えれば、そんなに苦労しないで踊りを考えることができます。子どもたちの実態と比べて難しいところは、難易度を下げた動きに変えて踊りを考えます。1年生の踊りに正確さや美しさを求めてはいけません。**一生懸命踊っていればそれだけで十分かわいいので、お客さんも喜んでくれます。**1年生の担任になった年には、ゴールデンウィークは、団体演技のダンスを考える時間になっています。

春の運動会の場合、練習はゴールデンウィーク後の3週間から4週間くらいです。1年生はまだ体力がないので、ゆとりをもった練習計画を立てることが大切です。全部で何時間練習時間があるから、それぞれの種目でどのくらい時間をとるのかを決めます。**イメージとしては、3分の2がダンスなどの団体演技、3分の1がその他の競技というところでしょう。**

**団体演技指導のポイント**

・教師が前に出て、しっかり踊れるようにしておく。子どもは教師を見て真似をすれば踊れるようになる。
・曲の始めから順に教えるのではなく、何度も繰り返す動きから教える。
・並び方、隊形移動は、始めからしっかりと決め、途中で変えないようにする。ところころ変わると子どもが混乱する。

**団体競技指導のポイント**

・ルールをしっかりと教え、守れるようにする。（「玉入れ」の場合は、始めは2つ球を持って座っている。終わりのピストルが鳴ったら、すぐに投げるのを止めるなど）

**徒競走指導のポイント**

・コースから外れないようにまっすぐ走ることを教える。
・走る順番、コースをしっかり覚えさせる。表にすると教師も確認しやすい。
・「走る前は座って待つ」「前の子がスタートしたら位置につく」「ゴールラインを越えたらコーンの場所で待つ」などの動きを覚えさせる。

運動会が近づいてきたら、学年通信や学級通信でそれぞれの種目の子どもの出番、位置などを知らせておくと保護者から喜ばれます。

# プール指導

## ❶プール指導が始まるまでにすること

1年生のプール指導の時間は、次のことに配慮して時間割を組んでもらいます。

・週頭や週末は体調が不安定なことが多いので、火曜から木曜の間にしてもらう。
・水温が低い1時間目は避ける。給食の準備に時間がかかるので、4時間目も避ける（つまり、2時間目か3時間目がよい）。

子どもたちの健康面のチェックも事前に行います。保健調査票などで「既往症」「アレルギー」がないかを確認するとともに、極度に水を怖がる子などを確認します。

## ❷保護者への連絡

プール指導が始まる1か月前には、学年通信で、水着、水泳帽、タオル等の必要なものや、名札のつけ方、記名のお願いなどを行います。ゴーグルの使用については、学校の方針を確認し保護者に伝えます。

プール指導がある日には、「着脱のしやすい服装にする」「手足のつめを切っておく」「水着の紐の結び方を練習しておく」「ヘアピンなどは使用しない」なども、事前に保護者に伝えておきます。

## ❸プール指導前日までにすること

プール指導の前に、衣服や水着の着脱の練習をしておきます。しっかり見ていないと、水着を後ろ前に着てしまう子や下着の上から水着を着る子もいます。そのときに、持ち物や記名の確認もします。「着替えの前にトイレを済ませておくこと」「脱いだ服はきちんとたたむこと（体操着のときと同じ）」も忘れずに指導します。

プールでの約束（「プールサイドを走らない」「プールに飛び込まない」など）もしっかりと話をします。**安全面の確認は何度も行います**。

プールでの人数確認時は、2人組でバディになることも教えます。プールに入るときにはいつもバディがいるか確認するので、だれとバディになるのか先に決めておきます。

## ❹プール指導

子どもたちは、水遊びが大好きです。いったん水の中に入ると子どもたちの歓声が響き渡ります。しかし、命にかかわる危険な事故も起こる可能性があるので、細心の注意をして指導に当たる必要があります。以下は、おおよその授業の流れです。

1　準備運動
2　シャワーを浴びる
3　バディを確認する（安全のため、授業中にも何度か確認する。子どもの顔色や唇の色を見る）
4　水慣れ
5　水遊び（長時間は入らず、途中で休憩を入れ、暑いときは水分補給もする）
6　終了時に、バディの確認をする
7　整理運動
8　シャワーを浴びる（帽子を取り、髪の毛までしっかり流す）

プールに入ると、子どもたちは興奮してしまいます。教師が大きな声で指示を出しても聞こえないときがあります。そこで、以下のように笛の合図を決めておくと有効です。

**入水時の笛**

笛の合図でゆっくりと後ろ向きにプールに入ることを教えます。

・ピー（1回目の笛）プールサイドに前向きに立つ。
・ピー（2回目の笛）プールサイドに後ろ向きに立つ。
・ピー（3回目の笛）後ろ向きに片足ずつゆっくりとプールに入る。
・ピー（4回目の笛）教師の方を向く。

**その他の笛の合図**

・ピッピッピッピッ（口を閉じて、教師の方を見る）
・ピッピー（一番近いところからプールサイドに上がり、集合する）

# 保護者面談

最近は、家庭訪問がない学校も多いので、保護者面談は直接話ができる貴重な機会です。教師と保護者が、子どもの成長のために協力するための話し合いの時間です。

教師は話すのが仕事ですから、**一方的に話を進めてしまいがちですが、保護者の話をしっかり聞くという意識を忘れないようにしましょう。**

「先生に話を聞いてもらえてよかった」

「先生の話を聞けてよかった」

保護者にこんな気持ちになって教室から出て行ってもらえるように、しっかり準備をします。

子どもの作品（図工、生活科）やテストなどの具体物があると説明がしやすいので、面談のときに見せながら話せるよう用意しておきます。

話を進めるときには、まず、子どものよい点、がんばっていることを話します。なるべく具体的に話せるようにします。

直したい点、努力したいことは、**「学校でこういう手立てで指導している。だから、家でもこうしてほしい」と具体的な指導方法まで提案します。**「ここを直してください」だけでは、保護者もどうしていいのかわかりません。

必要だと思ったら、その後の様子を電話や連絡帳で知らせるなどのアフターフォローもしていきます。

学校に来て、教師と一対一で話をするのは、保護者も緊張するものです。机の配置にも気を配ります。

机をはさんで向かい合って座るのではなく、**机をL字型に並べて向かい合わせにならないように座ります。**間に花などを置くとさらによいでしょう。このようにしてリラックスして話ができる環境をつくります。

順番を待っている保護者のために、廊下に子どもの作品を掲示したり、親向けの教育書などを置いたりするのも気配りの1つです。

また、保護者面談の希望日時を聞くときに、「担任に聞きたいこと」「気になっていること」などの記入欄をつくっておくと、保護者が聞きたいこと、知りたいことの資料を事前に準備することができ、有効です。

# 第5章
# 1年生入門期の授業づくり

# 国語の授業づくり

1年生は、1週間で9時間国語の授業を行います。毎日約2時間国語の勉強をしていることになります。毎日ある国語の授業が楽しくなければ、勉強が嫌いになってしまいます。子どもたちが「勉強が楽しい」と思ってくれるように授業を進めなければなりません。

言葉の学習である国語は、生きていくうえでの土台となる大切な学習です。どの教科の学習でも、国語で学習する「読み」「書き」ができなくては、学習を進めていくことはできません。国語の学習が得意な子は、どの教科の勉強もよくできます。ですから、**1年生の入門期の国語が重要です。**

1年生の国語の学習は、ひらがなの「読み」「書き」からスタートします。夏休み前までにひらがなの学習が終わり、ひと通りの読み書きができるようになります。9月には、漢字の学習が始まります。10月にはカタカナの学習が始まり、漢字と並行して進めていきます。そして、3月までに「文がすらすら読める」「正しい文を書くことができる」ように指導を進めていきます。

ひらがなやカタカナの指導は、丁寧に行う必要があります。正しい形の字を覚え、書けるようにしていきます。それには、根気強い指導が必要です。しかし、毎日同じようなことを繰り返していると、どうしても飽きてきて、丁寧な指導ができなくなります。子どもたちの字もだんだん雑になってしまいます。

そこで、子どもを飽きさせないちょっとした工夫を入れることも必要です。例えば、**授業の後半で「言葉遊び」のゲームを入れるようにします**。「しりとり」や「言葉集め（「あ」を勉強した後に、「あ」で始まる言葉を探すなど）」などを行い、楽しみながら子どもたちの語彙を増やせるようにしていくのです。

**言葉の正しい使い方を習得するには、語彙の数を増やす必要があります**。知っている言葉（語彙）の数が少ないと、「自分の言いたいことを的確に伝える」ことも、「相手の言いたいことを正しく理解する」こともできにくくなります。1年生から語彙を増やすことを意識して、指導をしていきましょう。

おすすめ活動例「しりとりリレー」

雨で体育ができなくなったとき、ちょっと授業が早く終わったときなど、クラスのみんなで楽しみながら語彙を増やせます。

●ねらい

「しりとり」で言葉を考えることで、楽しみながら語彙を増やす。

●活動の手順

①座席の縦の列をチームにして行います。6列あったら、黒板に書く場所を6か所つくっておきます。

②教師がはじめの言葉を言います。「ねこ」だったら、一番前の子は、「こ」で始まる言葉を考えて、黒板に書きます。次の子からは前の子が書いた言葉で、しりとりをして黒板に言葉をつなげていきます。チョークがバトンになります。

③5分間でたくさん言葉がつながったチームが勝ちです。

④チーム戦なので、書く順番を変えなければ教え合ってもよいことにします（苦手な子が責められないようにすることも大切です）。

⑤時間がきたら、結果を確認します。字の間違いや同じ言葉が出ていないかなどを見ながら、点数を数えます。（1つの言葉で1点）

●ポイント

・「しりとり」ではなく、「言葉集め」（「あ」で始まる言葉など）でやることもできます。

・黒板を使わずに、班の形になって、ホワイトボードに書かせる方法もあります。

・難しい言葉を書く子がいたら、意味を説明させたり、教師が解説したりして、言葉の意味を教えます。

# 算数の授業づくり

入学時の段階で、かなりのところまで数詞を唱えることのできる子、簡単なたし算、ひき算ができる子は多くいます。しかし、このような子も、数の概念、数の表し方を十分に理解しているわけではありません。個人差にも留意しながら、操作活動や算数的な遊び、ゲームなどを入れながら、楽しい授業を行っていきましょう。

数の理解のためには、具体物から半具体物へ、そして抽象化された数字へと進んでいきます。**数を単なる記号としてではなく、数の背景には具体的なものの集まりがあるということを操作活動を通して意識させるようにします。**算数ボックスに入っている「おはじき」や「ブロック」などを繰り返し使うことで、数の概念をしっかりと身につけさせていきます。

1年生の算数の学習内容は、大人から見るととても簡単なので、すぐに次に進められるように感じますが、最初の「十までのかず（集合づくり、対応、数詞）」「いくつといくつ（数の合成、分解）」はとても重要です。ここを焦って進めると、たし算やひき算の学習で苦労する子がたくさん出てきてしまいます。**簡単そうに見えても丁寧に指導し、繰り返し練習させることが必要です。**

４月、５月の算数の学習では、教科書に書き込んだり、色を塗ったりする学習がたくさん出てきますが、子どもたちに「どこに」「何を」するのか説明するのに苦労することがあります。口で言ってもなかなか伝わりません。教科書の拡大コピーや掛け図を準備しておき、子どもと一緒に書き込んだり、色を塗ったりすると、どの子も間違えずに進めることができます。

子どもたちの算数ボックスには、「おはじき」や「ブロック」以外にも算数の学習に役立つものがたくさん入っています。できれば、教師も子どもと同じ算数ボックスを購入し自分用としてもっているといいと思います。せっかく子どもたちがよいものをもっているのに、活用しないで終わってしまってはもったいないので、それぞれの教具の使い方を確認しておきます。自分で一つひとつの教具を触りながら、どんな場面で活用するかを考えるのも楽しいものです。

算数ボックスを使うと、片づけが上手にできない子もわかります。**使う前に、箱はどこに置いておくのか、どうやって片づけるのかもしっかりと指導しておきます。**

おすすめ活動例「リズムに乗って『いくつといくつ』」

繰り上がりや繰り下がりのある計算が速く正確にできるようにするためには、10の補数を反射的に言えるようにすることが有効です。授業のちょっとした時間にこのゲームを入れると、楽しみながら練習することができます。

●ねらい

10の補数をすばやく答える練習をすることで、繰り上がりや繰り下がりのある計算が速く正確にできるようになる。

●活動の手順

①教師がパン、パンと2回手を叩いた後、両手の指で数を出します。そのとき、出した数を言います（両手がチョキなら4、片方がパーで片方がグーなら5、両手がパーなら10）。

②子どもたちは、それを見て同じようにパン、パンと2回手を叩いた後に両手の指で同じ数を出し、数を言います。何回か繰り返すとテンポよく言えるようになります。

③慣れてきたら、「今度は先生の出した数とみんなが出す数を合わせて10にします」と言い、ゆっくりやってみます。
④教師「パン、パン、７」
子ども「パン、パン、３」
教師「パン、パン、４」
子ども「パン、パン、６」
⑤全員で一緒にやるだけでなく、列ごと、一人ずつなど、少しずつやり方を変えていくと緊張感が継続します。
⑥３から９までの合成も同じようにできます。10の合成を行う前に何度か練習して慣れさせておくと、10の合成もすぐにテンポよくできるようになります。

# 生活科の授業づくり

生活科の教科書は、上巻と下巻に分かれています。だいたい1年生が上巻、2年生が下巻の教科書を使って授業をします。しかし、内容を入れかえて指導することもあります。2年間を通して、すべての内容を学習すればよいからです。

そのため、生活科の年間指導計画をつくるときには、1年生の担任だけでなく、2年生の担任とも相談して、指導計画をつくります。また、1年生と2年生は、「学校探検」や「おもちゃづくり」などで、一緒に活動したり、遊びに招待したりすることがあります。お互いがその時期を知っておく必要もあります。

また、**生活科の学習は、他の教科に比べて、一つひとつの単元が大きく、長期間続くものがあります**。ですから、年間指導計画をしっかりと立てて進めることが大事です。植物の栽培などでも時期が重要なので、うっかりして時期を逃してしまったということがないように気をつけなければなりません。

生活科の授業では、具体的な活動や体験の時間を十分とることが大切です。「見る」「聞く」「触れる」「操作する」「製作する」などの場面を意図的につくり、対象と直接かかわらせていきます。また、**その活動によって「どんな力をつけたいのか」を明確にしておくことも大切です**。

生活科では、指導案通り授業が進んでいくのがよい授業ではありません。子どもの発想を生かしたり、子どもの関心に応じたりして学習計画を変更することが必要な場合もあります。教師が敷いたレールの上を一直線に進むような授業ではなく、**子どもが試行錯誤しながら、発想を生かして活動することで、たくさんのことを自ら学んでいくように進めていきます**。

生活科では、子どもたちの住む地域が学習の場であり、学習の対象です。地域の特色を、教師が知っておくことも大切です。自分の足で地域を歩き、地域の特色を把握しておきたいところです。そして地域の素材を教材化し、学習に取り入れられるようにします。アンテナを高くして、「昔の遊びを教えてくれる人材はいないか」「ドングリが拾えるところはないか」「虫捕りはどこに行けばいいか」「ザリガニが捕れるところはないか」など、積極的に情報を集めていきましょう。

おすすめ活動例「このたからをさがせ（学校探検）」

子どもたちが大好きな学校探検。みんなでぞろぞろと学校を歩くのではなく、写真の場所を探す活動を行うことで、ゲーム感覚で楽しく積極的に学校探検に取り組めます。

●ねらい

友だちと協力して楽しみながら写真の場所を探して学校探検をすることができる。

●活動の手順

①事前に校内のいろいろな場所の写真を撮っておきます。（理科準備室のガイコツ、保健室のベット、校長室のソファーなど）

②班ごと（4人組）に、5枚ずつ写真を配ります。

「今日の学校探検では、この写真の場所を見つけてきてください」

心配なときは、「校舎の3階」などのヒントを与えて出発させます。

③学校探検から戻ってきたら、拡大した校内の見取図に写真を貼らせます。

「この写真は、○○室です」

④見つけられなかった写真の場所は、次時の課題としてクラス全員で考えます。

●ポイント

・1年生は、すぐに興奮して大きな声を出すので、探検のマナーをしっかり指導し、学校職員への事前の説明も確実にしておきましょう。

・写真の場所に「お宝シール」などを貼っておいて、見つけたら取ってくることにすると、いっそう盛り上がります。

・1年生はまだ時計が読めません。終わりの時刻をしっかりと教え、時間が空いている級外の先生がいたら、校内を見回ってもらいましょう。

# 音楽の授業づくり

1年生の音楽の授業では、楽しく歌って、楽器を演奏して、身体表現をしている子どもたちの姿がたくさん見られます。1年生の音楽では、「楽しい活動」が大切です。**担任も子どもたちと一緒に歌や身体表現を楽しんで行いましょう。**ピアノがうまく弾けなくても気にすることはありません。CDを活用すれば大丈夫です。

しかし、その楽しさは、そのときだけのものではなく、次につながっていくことが重要です。技能教科ですから、子どもたちに身につけさせなければならない技能があります。学習指導要領を読み、1年生で身につけること、6年生までに身につけることを確認して授業を行います。

子どもたちに「元気よく歌いましょう」とか「大きな声で歌いましょう」と言うと、ムキになって大きな声を出す子や、怒鳴り声を出す子がいます。音程も外れて曲想もめちゃめちゃになってしまいます。「元気よく」や「大きな声」という指示では、理解できない子がたくさんいます。**「口を大きく開いて歌いましょう」とか「言葉をはっきりさせて歌**

**いましょう」と、より具体的に表現すると、子どもたちにもわかりやすくなります。**さらに、耳の下を触らせて「口を大きく開けると、ここがカクカクするよ」と言って、触ったまま歌うと、口を大きく開けることがわかってきて、自分から意識するようになります。

「歌のはじめの言葉」も意識させたいことです。「息を吐く」→「息を吸う」→「声を出す」を練習して、歌のはじめがそろうように指導します。「息を合わせる」ことが理解できると、合唱や合奏を行うようになったときにも役立ちます。

1年生の発達段階では、まだ音程がうまくとれません。歌の練習をするときには、教師が手を上下に動かして音程を表してあげます。視覚的に音程を感じ取らせて指導することも必要です。

リズム打ちも大切です。1年生の基礎は「タン」(打つ)と「ウン」(休む)の四拍子です。楽器演奏を始める前に、リズム打ちをしっかり行います。手を打つだけでなく、足踏みをしたり、軽く跳んだりと体でリズムを覚えられるようにしていきます。

学習のルールを決めておくことも重要です。楽器を使うようになると、演奏が終わっても勝手に音を出したり、手に持っている楽器を鳴らしてしまったりということがあります。**音を出してよいとき、ダメなときのルールをしっかり教えます。**

おすすめ活動例「リズム遊び」

子どもたちは体を動かして遊ぶことが大好きです。遊びやゲーム的なものを取り入れることで、楽しく活動しながら、拍の流れを感じ取れるようになります。「ぶんぶんぶん」の歌を練習するときに、並行して行うことができます。

●ねらい

器楽演奏の基本練習も兼ね、楽しみながらリズム感を育てられるようにする。

●活動の手順

①「タン、タン、タン、タン」と教師が手を叩きます。その後に、子どもたちも「タン、タン、タン、タン」と同じリズムで手を叩きます。手を叩きながら、四拍子を体で覚えます。慣れてきたら、足打ちで同じことをします。

②次は、「タン、タン、タン、ウン」で同じように手を叩きます。

③教師に名前を呼ばれたら、「タン、タン、タン、ウン」と手を叩きながら「はあい・」と答えます。「いちねんせい・」「はあい・」。「おとこのこ・」「はあい・」。「みきさん・」「はあい・」。

④今度は、4人組で輪になって座ります。右回りなど順番を決め、「タン、タン、タン、タン」とリズムが崩れないように手を叩いていきます。4人で協力して手を叩くので、まわりの子の手を叩く音をしっかり聞いている必要があります。

●ポイント

・いつも一斉に行うのではなく、1人で表現する場面をつくる（友だちの表現を聞く）ことも大切です。

・「子どもの名前」から「野菜の名前」「果物の名前」「好きな食べ物」など、いろいろなバリエーションで行い、子どもたちが飽きないように工夫します。

# 図工の授業づくり

子どもたちは、図工の時間が大好きです。自由に絵をかいたり、工作をしたりして楽しく活動します。

1年生の担任がしっかりと意識しなければならないことは、道具の使い方の指導です。「はさみ」「のり」「クレヨン」など、幼稚園でしっかりと教えられている子もいますが、そんな子ばかりではありません。まだ手先が器用ではなく、道具を上手に使えない子もいます。ですから、図工の授業の中で道具の使い方を指導していきます。いろいろな道具がしっかり扱えるようになると、表現の幅が広がり、さらに図工が楽しくなります。

**それぞれの道具をはじめて使うときには、「できるのが当たり前」と思わずに、丁寧に指導をします。**

**❶クレヨンの使い方**

クレヨンは、「あまり強く握らないで、先の方を持つ」ように持ち方から指導します。

「力を入れないでかくと薄い色になる」「力を入れてかくと濃い色になる」「クレヨンの角を使うと細い線になる」「クレヨンを横に寝かせると太い線になる」「重ねてぬると色が混ざる」ということなども教えます。

## ❷はさみの使い方

はさみは、「刃のまん中からつけ根の部分を使って切る」「一度で切るのではなく、チョキ、チョキ、チョッキンと分けて切り進む」「刃は紙に垂直に立てる。刃を寝かさない」「丸く切るときははさみではなく紙をゆっくり回す」などを指導します。また「はさみの先を人に向けない」「使い終わったら刃を綴じる。ふたをする」などの安全指導もしっかりとします。

## ❸のりの使い方

のりは、「薄くのばす」ことを教えます。直接紙の上にのりを出してべたべたにしてしまう子がいます。指にとってから薄くのばすように練習します。のりづけのときには、どの指を使うかも教えます。のりは中指につけ、貼ったところを人差し指で押さえると紙が汚れません。のりが指につくことを嫌がる子がいますが、濡れたタオルを横に置いて使わせます。

おすすめ活動例「おしゃれな鯉のぼりをつくろう」

こどもの日の前に、「おしゃれな鯉のぼり」をかきます。全員の作品を合わせると大きな鯉のぼりになります。

●ねらい

正しいはさみの使い方、正しいクレヨンの使い方ができるようにする。また、おしゃれな鯉のぼりを考え、かくことができるようにする。

●活動の手順

①八つ切り画用紙を細長く2回折ります。（4分の1の大きさ）折り目をしっかりつけてから、画用紙を開き、折り目に沿って切ります。「刃のまん中からつけ根の部分を使って切る」「一度で切るのではなく、チョキ、チョキ、チョッキンと分けて切り進む」「刃は紙に垂直に立てる。刃を寝かさない」など、はさみの使い方を指導します。

②鯉のぼりのしっぽになる部分をはさみで切ります。

③うろこの部分の模様を考え、クレヨンで模様を描きます。クレヨンは、「あまり

強く握らないで、先の方を持つ」ように指導します。

④「おしゃれな鯉のぼりにしよう」と投げかけ、クレヨンできれいに色をぬります。太い線のかき方、細い線のかき方、色の混ぜ方なども指導します。

⑤1人4枚の紙があるので、作業が早い子は2枚目の紙にもかきます。

⑥全体を組み合わせて掲示します。学級の人数によって作品の数が変わるので、大きな鯉のぼりに見えるように並べてみます。バランスがとれたら作品の裏に画用紙の切れ端を当てテープで留めます。教師がつくった大きな頭としっぽをつけて、でき上がり。

# 体育の授業づくり

子どもたちは、外遊びが大好きです。休み時間になるとブランコのまわりに1年生がたくさんいます。クラスのボールが使えるようになれば、ドッジボールやサッカーなども始めます。

そんな1年生も、あまり鉄棒のところには行きません。**入学してくるまでに、あまり鉄棒で遊んだ経験がないのです。**遊びの中から身につける「支持」「ぶら下がり」「逆さ姿勢」「回転」などの基本的な動きが身についていない子がたくさんいます。したがって、1年生の子どもたちが運動好きになるとともに、各種の運動の基礎を身につけられるような体育の授業を考えていきます。

低学年の「基本の運動」では、「あらゆる運動への基礎感覚づくりをしていく」ことが中心になっています。低学年のうちに、たくさんの基礎感覚を身につけさせることが、中・高学年での様々な運動に生きてきます。

体育の時間には、意図的に固定施設を使った運動遊びを取り入れるようにします。のび

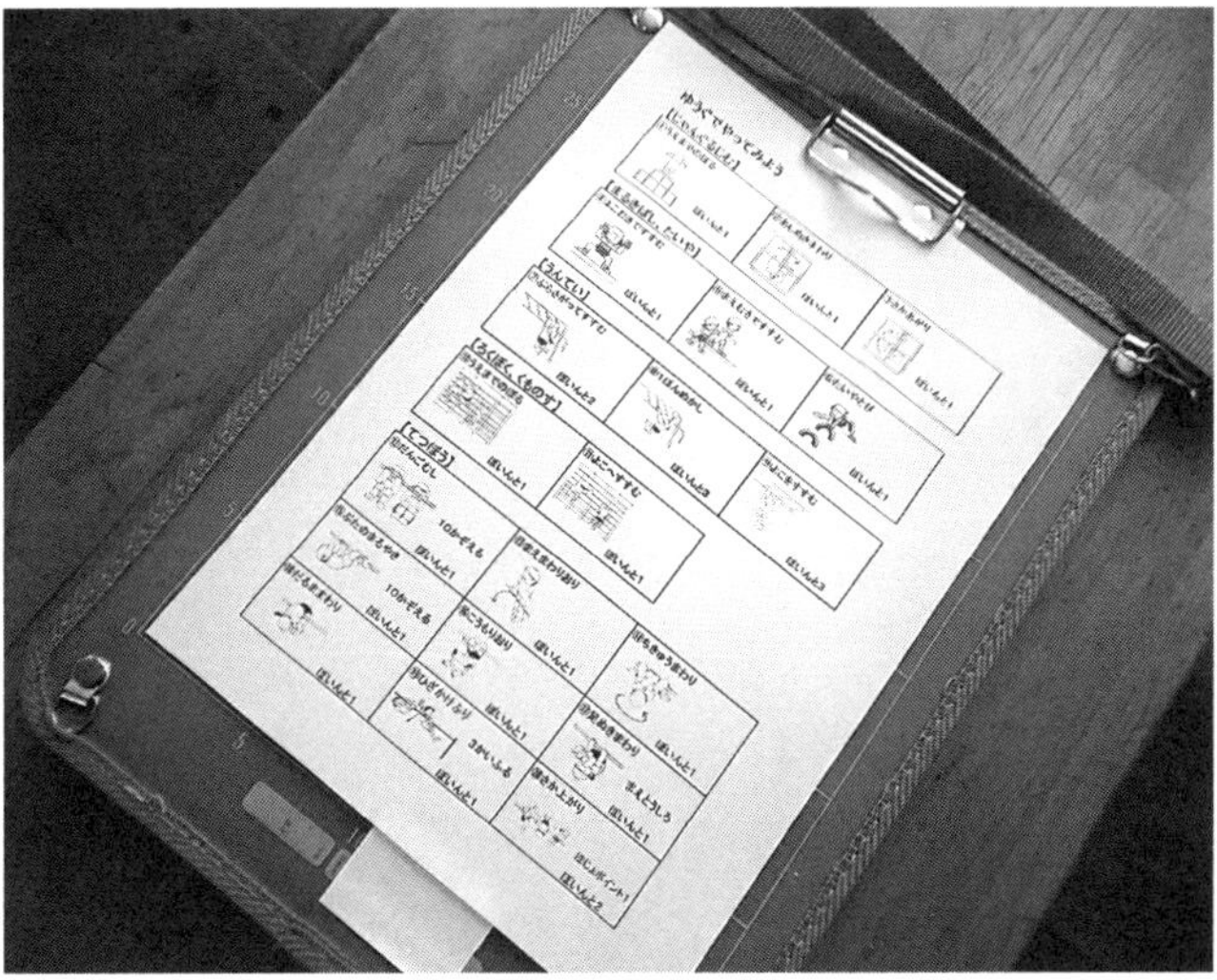

のびと体を動かす楽しさや心地よさを味わわせていきます。授業のはじめの10分程度を使い、校庭や体育館にあるジャングルジムや雲梯、登り棒、肋木、平均台などでいろいろな登り下りや懸垂移行、渡り歩きや跳び下りをしたり、逆さ姿勢などをしたりして基本的な動きができるようにします。学校にある遊具の使い方をひと通り覚えたら、カードを持たせて、サーキットトレーニングとして取り組ませます。

休み時間などに子どもたちが進んで取り組み、運動の日常化にもつながるものなので、安全な遊び方をしっかりと指導することも大切です。

なります。

## おすすめ活動例「固定施設を使った運動遊び」

子どもたちは、学校にある固定施設に興味をもっていますが、使い方をあまり知りません。教師が例示した遊び方を経験することで、いろいろな遊び方を考えるようになります。

●ねらい

固定施設や鉄棒を使って、「登る」「ぶら下がる」「回る」「降りる」「くぐる」「とぶ」「バランスをとる」などの身体感覚を体感し、体を動かすことの楽しさを味わうことができるようにする。

●活動の手順（ジャングルジムの場合）

①子どもたちをジャングルジムに連れて行きます。8人ずつのグループにして、順番に活動するようにします。
②最初は、一番上まで行って戻ってきます。特に登り方の指示は出しません。
③2回目は、外側から登って、内側から降ります。
④3回目は、内側から登って、外側から降ります。

⑤4回目は、2段目くらいまで登って、横に向かって一周します。「隣の子に追いつかれないようにしよう」と声をかけると、スピードが上がります。
⑥5回目は、ジャングルジムの中で、逆上がりをします。
⑦最後は、「ジャングルジムでできる動き方を考えよう」と言って、自由に活動させます。

●ポイント

・子どもたちは、いろいろな遊び方を考えますが、危険な動きをすることがあります。安全指導は繰り返し行います。
・運動が苦手で不安そうな子には、教師が一緒にやります。少しずつ1人でやれるようになっていきます。

# 第6章
# 覚えておくと必ず役立つ小1担任の小ワザ集

# 掃除ロッカーが整頓できる小ワザ

掃除ロッカーのほうきやちりとりがなかなかきれいに片づけられない子どもたち。そんな子どもたちでも掃除ロッカーの整頓が上手にできる小ワザです。

## ❶どこに何を掛けるのかを決める

教室、廊下、靴箱、水道…。それぞれの場所でいろいろな掃除道具を使います。使っているうちに教室のほうきと廊下のほうきが混ざってしまったり、違う場所に掛かっていたりして、掃除ロッカーの中が乱雑になってしまいます。

まずは、**どこに何を掛けるのかをしっかりと決めましょう。**

## ❷色で区別する

どこに何を掛けるのかを決めたら、ほうきやちりとりのひもを色分けします。教室で使うものは「赤」、廊下で使うものは「青」、靴箱で使うものは「黄色」などと決め、**カラー**

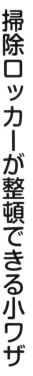

**綴じひもをつけます。**色で分けることで違う場所のものが混ざらないようになります。カラー綴じひも以外に、ビニルテープでも同じことができます。1年生でも、掃除ロッカーをきれいに使えるようになります。

### ❸整頓された状態を見せる

きれいに整頓された状態の掃除ロッカーを写真に写しておき、見本としてロッカーに貼っておきます。写真を見ながら自分たちで整頓するようになります。

# 漢字の指導で使える小ワザ

国語の時間に新出漢字を教えます。どんな指導をしているでしょうか。まず書き順を教えるために「空書き」「指書き」「なぞり書き」などをしていると思います。教師が「空書き」をするときの小ワザです。

**❶空書き**

人差し指を出して、自分の顔の前で空中に字を書くのが「空書き」です。教師は前に出て、子どもの方を向いてやりますから、反対向き（鏡文字）の空書きになります。画数の少ない漢字は簡単にできますが、画数が多い漢字になると反対向きに書くのは難しくなります。

**❷反対向きの空書きの仕方**

右利きの場合、教師の空書きは、左手で行います。そのとき**右手で自分の右足の太もも**

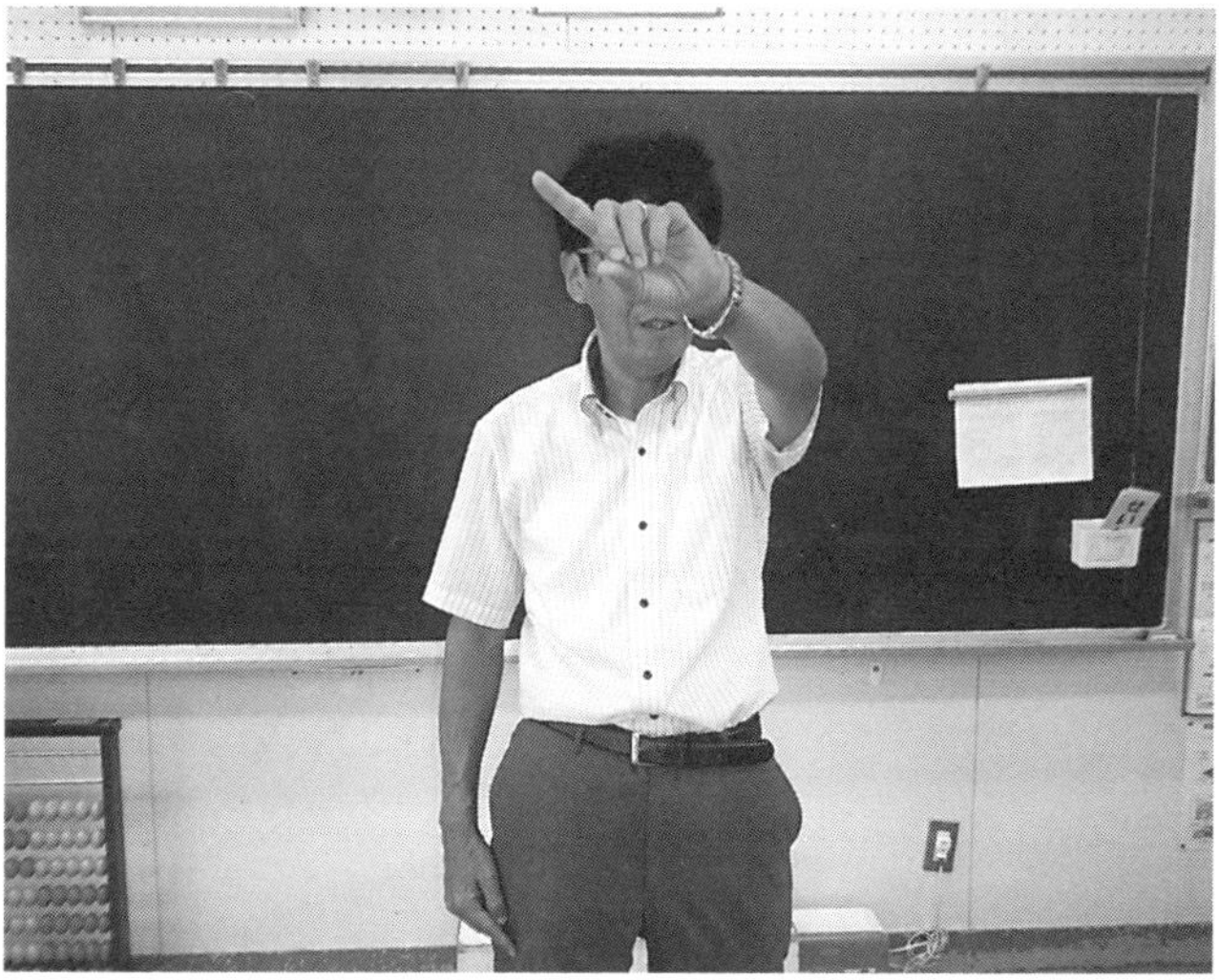

**に同じ字を書きます。右手で普通に漢字を書き、左手で反対向きに書きます。**文章にすると、難しく感じますが、実際にやってみると簡単に反対向きの空書きができることがわかります。

手品と同じで、大きく動かしている左手を子どもたちは見ていますから、右手を見ている子はいません。堂々とやってみてください。

## ❸ひらがな、カタカナの指導にも

1年生は、漢字だけでなくひらがなやカタカナの学習も行います。ひらがなやカタカナの学習のときにも使ってみましょう。漢字の学習の前の練習にもなります。

# 子どもの誕生日を祝う小ワザ

子どもの誕生日には、学級のみんなで「誕生日おめでとう」と言ってお祝いします。子どもの誕生日を祝う小ワザです。

**❶クラスの友だちの誕生日を知らせる**

学級通信に、「誕生日おめでとう」のコーナーをつくります。朝の会で学級通信を配ると「今日は○○君の誕生日だ」と声が聞こえてきます。言われた子もうれしそうな顔をしています。子どもの誕生日を忘れてしまわないように、カレンダーにしっかり名前を書いておきます。

**❷牛乳で乾杯**

誕生日の子がいる日には、給食の時間にお祝いをします。

まず、**担任が100円ショップで購入した小旗を誕生日の子の給食に立ててあげます。**

お子様ランチのイメージです。そして、学級の全員で牛乳パックを持って、
「〇〇君。誕生日おめでとう。かんぱーい！」
と大きな声でお祝いをします。
給食がない日が誕生日の子には、その前後の日にお祝いをします。

## ❸小旗のプレゼント

１年生には、この１００円ショップで購入した小旗がおすすめです。とても小さなプレゼントですが、喜んでくれます。中には、家に飾ると言って給食袋に入れて持ち帰る子もいて、微笑ましい姿が見られます。

# 時間を意識させる小ワザ

1年生はまだ時計が読めません。時間を意識して行動するのも苦手です。そんな1年生でも時間を意識するようになる小ワザです。

## ❶給食の始まりと終わり

1年生担任にとって、給食は時間との戦いです。ゆっくり食べさせてあげたいですが、片づける時間は決まっています。

そこで、**時計のまわりに「いただきます」「ごちそうさま」のプレートをつける**ことで、子どもたちは時間を意識するようになります。給食当番の子どもは、

「『いただきます』のところまでに、配膳を終わらせよう」

食べているときは、

「『ごちそうさま』のところまでに、食べ終わろう」

と食べながら時計を見るようになり、子どもたちの時間に対する意識が高まります。

## ❷授業の始まりを知らせる

授業の始まりと終わりにチャイムを鳴らさない「ノーチャイム」の学校もあります。チャイムが鳴らないと、まだ時計を読めない1年生は、休み時間が終わってもなかなか教室に戻ってきません。そこで、**スケッチブックに時計の絵をかき、休み時間の前に見せるようにします**。子どもたちが時計の針を意識して見るようになります。朝から帰りまでのポイントになる時刻を1ページずつつくっておくと便利です。

算数の「時計」の学習が始まる前の予習にもなります。

# 姿勢がよくなる小ワザ

1年生は集中力がありません。座っていてもすぐに姿勢が崩れてきます。しかし、「ひらがな」「カタカナ」「漢字」の練習をするときには、正しい姿勢を続ける必要があります。

そこで、1年生でも姿勢がよくなる小ワザを紹介します。

## ①正しい姿勢で書く

書写の時間には、必ず書く姿勢を指導します。正しく整った字を、速く長く書くには、姿勢と鉛筆の持ち方がとても重要だからです。

「足の裏は、床にしっかりついていますか？」

「背中は、ぴんと伸びていますか？」

「お腹と机、背中と椅子の間にグー（拳）1つが入るすき間がありますか？」

「左手は紙を押さえていますか？」

このポイントを継続して指導することで、姿勢はとてもよくなってきます。

**②机の中心におへそを合わせる**

しかし、自分ではよい姿勢をしているつもりでも、机と椅子がずれていたり、隣の友だちの方に寄っていたりするのが1年生です。そこで、子どもの書くときの姿勢をさらによくするため**机の真ん中におへそを合わせる目印をつけます。**白ガムテープを机の手前中央付近に貼り、マジックで矢印を書くだけです。

この目印で、「おへその位置」も確認します。「おへそ」と言うだけで、机にある目印を見て、自分のおへそを合わせようとします。机と椅子のずれがなくなって、体がまっすぐになります。

# 気づいて行動するようになる小ワザ

自分で気づいて行動できる。

1年生には難しい目標です。しかし、1年生なりにできることもあります。上の学年に向けて少しずつ気づいて行動できるようにする小ワザです。

## ❶朝やることを黒板に書く

1年生は、全員の前でしっかり指示をしないと、混乱します。「次は何をする?」と次々に聞きに来る子どもに対応しなければなりません。特に、朝はバラバラに登校してくるので、一人ひとりに指示を出していたら大変です。ある程度ひらがなの学習が進んだら、**黒板に「朝やること」を書いておきます。**

## ❷自分で気づいて行動できる子を目指して

最初から黒板に気づく子は、多くありません。しかし、続けていくと、教室に入ってき

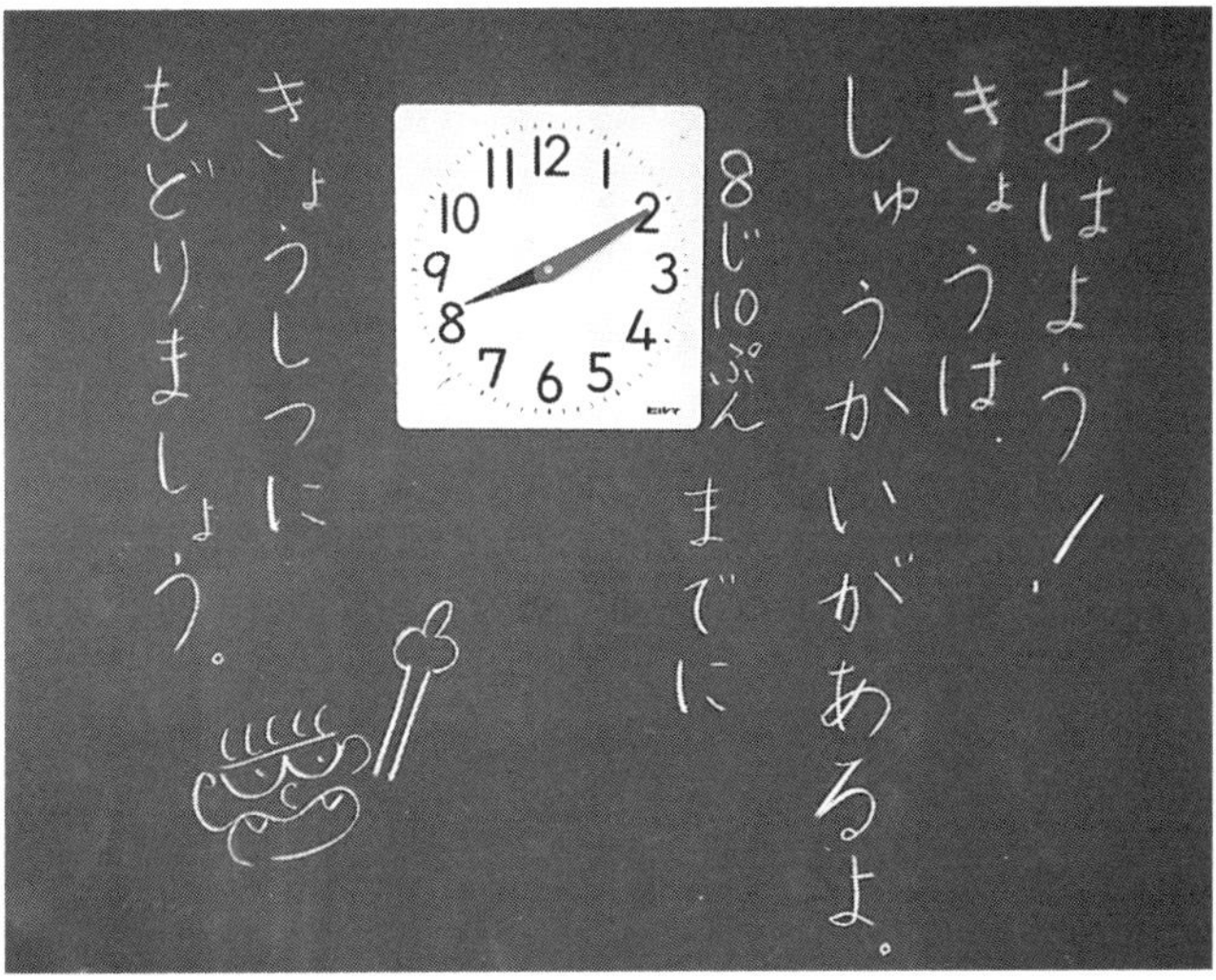


たら、黒板を見るようになります。

> きょうは、「あさのうんどう」があります。
> たいそうぎにきがえましょう。

と書いてあれば、気づいた子から着替えを始め、まわりの子も真似をするようになります。「自分で気づいて行動できる子」を目指して、1年生も鍛えていきます。

なるべく指示を減らして、自分で気づいて行動できるような場面をつくると、1年生でも気づいて動けるようになっていきます。

# 観察が上手になる小ワザ

生活科では植物や昆虫の観察をする活動があります。しかし、1年生には、しっかり「観る」のは難しいことです。そこで、子どもたちが科学者の気分でしっかりと観察することができる小ワザです。

## ❶虫メガネを探検バッグに入れておく

子どもたちは、「よく見てかこう」と言っても、なかなか対象をしっかり見ることができず、想像の絵になってしまいます。

そんな子どもたちでも、**「虫メガネ」を持たせると、細かいところまでよく見るようになります**。100円ショップで売っているような虫メガネでよいので、1つ子どもに持たせると、いろいろな発見をします。探検バッグの中にいつも虫メガネが入っているようにします。「虫メガネ」を持っているだけで、気分は科学者です。

**❷ポイントを意識させる**

虫メガネで対象を見ることには、単に大きく見えるだけでなく、「限定して（ポイントを）見せる」という効果があります。

朝顔を観察するときには、「葉っぱ」「つる」「つぼみ」「花」を意識するようになります。小さいことですが、こういうところから「科学の芽」が育っていきます。

**❸大きくかく**

観察したことを絵にかくときに、小さい絵をかく子がいるので、一点に集中させて大きくかくように指導します。虫眼鏡の中に見えるものだけを大きくかかせます。

# ノートの使い方が上手になる小ワザ

1年生のノート指導は大変です。黒板に書いてあることをノートに写すだけでもなかなかうまくできません。そこで、1年生にノートの使い方を指導するときの小ワザを紹介します。

## ❶方眼の黒板を教室に置く

教室の黒板にはマス目がありません。子どもは、黒板の字をノートに写すときに、それだけで混乱します。どこに書くのかわからなくなる子がいます。

そこで、**教室にマス目の引いてある黒板（方眼黒板）を用意して、ノート指導のときに活用します**。国語、算数ではノートをよく使うので、国語用と算数用の方眼黒板があると便利です。子どもが使っているノートのマス目と同じものはないかもしれませんが、近いものを探しておきます。いちいち教材室まで取りに行くのは大変なので、教科主任の許可を得て、いつも教室に置いておきます。

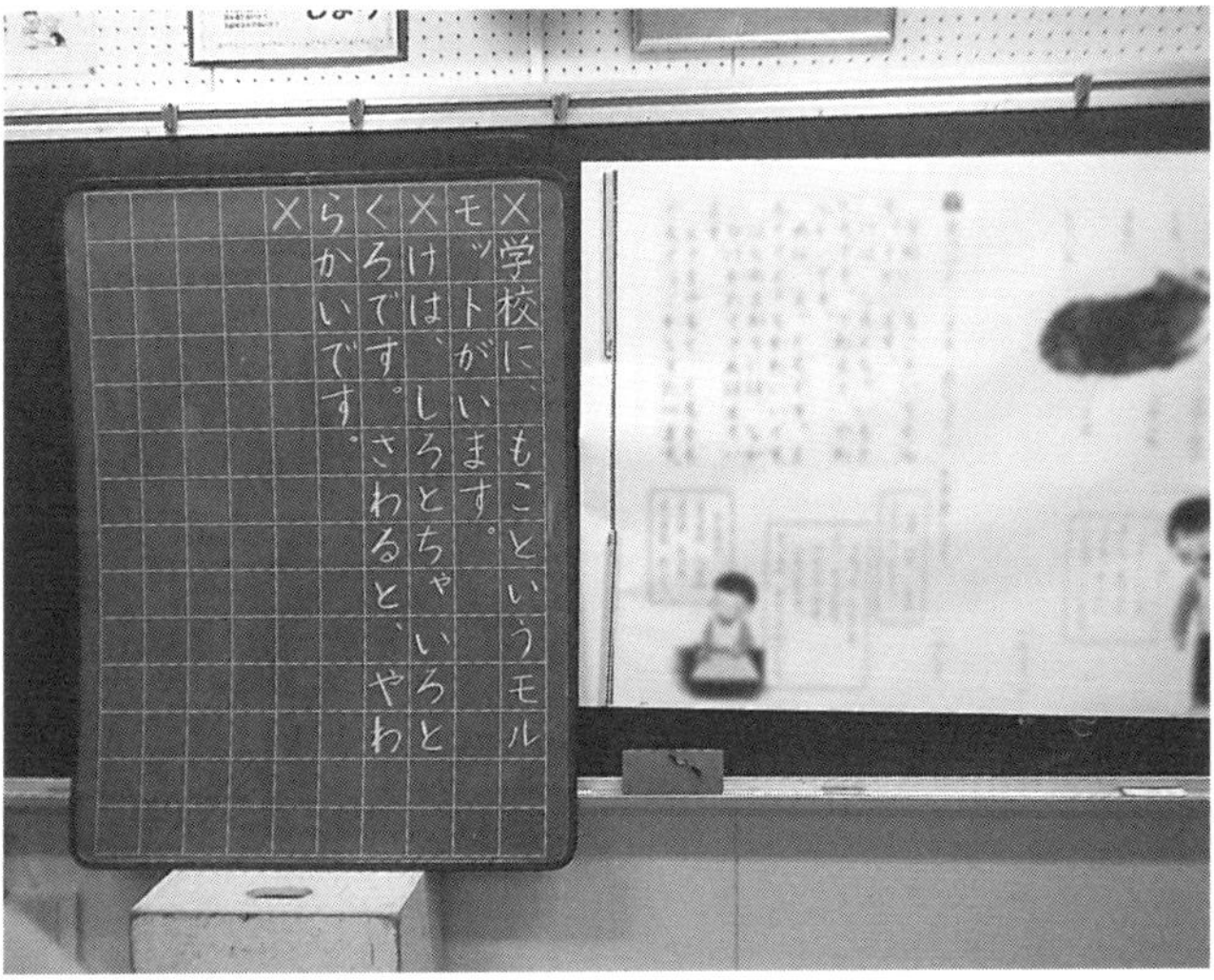


## ❷一緒に書きながら指導する

1年生でのノート指導が2年生以降の土台になるので、少々時間がかかっても丁寧に進めていきます。**「1マス空けて」「行を変えて」などと声をかけつつ、子どもと一緒に書きながらノートの使い方を教えていきます。**

しっかり指導しないと、マス目を無視して書く子や、すきまなくびっしり書こうとする子がいます。特に算数のノートは、「くっつけて書くと、後で見にくくなる」ことを教え、行を空けることの大切さも指導します。

【著者紹介】

渡邊　朋彦（わたなべ　ともひこ）

1965年，静岡市生まれ。

静岡市立公立小学校教諭。

1992年より静岡教育サークル「シリウス」に参加し，指導力を高めるために研修を続けている。

【編者紹介】

静岡教育サークル「シリウス」

（しずおかきょういくさーくる「しりうす」）

1984年創立。

「理論より実践」「具体的な子どもの事実」「小さな事実から大きな結論を導かない」これらがサークルの主な柱です。

全員が安心して過ごせる！

小１担任のための　学級経営ハンドブック

2019年３月初版第１刷刊　©著　者　渡　邊　朋　彦

発行者　藤　原　光　政

発行所　明治図書出版株式会社

http://www.meijitosho.co.jp

（企画）矢口郁雄（校正）大内奈々子

〒114-0023　東京都北区滝野川7-46-1

振替00160-5-151318　電話03(5907)6701

ご注文窓口　電話03(5907)6668

＊検印省略

組版所　株　式　会　社　カ　シ　ヨ



Printed in Japan　ISBN978-4-18-273921-7